遠藤直哉著

ロースクール教育論

新しい弁護技術と訴訟運営

信山社

はしがき

日本にロースクールを設立しようとの運動は、社会に大きな衝撃を与えた。ロースクール構想が司法改革を大きく進展させるばかりでなく、今後の社会の発展に重要な役割を果たすであろうと、多くの関係者を動かすに至ったからである。なぜこのように多くの人々に良いイメージと明るい期待感をもって迎えられ、熱烈に議論されるに至ったのであろうか。その答えは、司法制度改革審議会の打ち出したロースクール構想の骨格「公平性・開放性・多様性」に凝縮されている。当初からロースクール構想は日本社会の閉塞感を打ち破るための契機となるのではないかと漠然と考えられてきたところ、「公平性・開放性・多様性」という表現をもってロースクールに未来を託そうと一気に議論が集約されてきた。関係者の熱い気持ちがひしひしと伝わってくる。なぜならば、今まで日本で真に公平性・開放性・多様性が確保された組織はあっただろうか。法曹界、官界、政界、財界、学界、マスコミ、労働界等あらゆる場所で、閉鎖性を特質として、不公平・不公正・不正義がはびこり、抑圧と体制順応が蔓延してきた。「公平性・開放性・多様性を有するロースクール」とは、「公平性・開放性・多様性を有する法や社会の実現」に連動するものとの願いが込められている。

このように公平性・開放性・多様性を確保するロースクールが実現すれば、他の組織どころか、社会全体に与える良い影響も計り知れないものとなる。我々が生きてきた閉鎖的社会を少しでも変えていこうとする静かなる衝撃が広がりつつある。池に落ちた石の波紋のように、冷静な言論の行使により議論が積み重ねられ、次第に広がりと深みを増してきて、今まで経験したことのない驚くべき公開の言論を享受しえた。かつて、大学、国会、裁判所、弁護士会等の場で見られた様々な暴力、乱闘、ののしり合い、抑圧は、別世界のものか忌まわしい過去のものと感じられる。

議論に次ぐ議論は、まさに将来のロースクールの授業を彷彿させるものがある。議論に参加された方々は学者・弁護士ばかりでなく、判事・官僚の方も次第に意見を柔軟にされていく。ロースクール構想の新鮮な衝撃は、我々古い法曹が新しい法曹へと自ら脱皮しつつあることも含めて、新しい法律家の誕生を展望させ、多くの人々との間に創造的関係を実現させるに至ったのである。今、未来へと切り開かれた地平の中で、本書を出版できる幸運を喜びながら、御支援いただいた多くの皆様に深甚の感謝を申し上げる。

二〇〇〇年一一月

遠藤直哉

目　次

目　次

目　次

目　次

目　次

〔初出一覧〕

序　章　一『ロースクール構想の将来的展望』書き下ろし
二『ロースクール構想の発展』ソウル弁護士会・第二東京弁護士会交流会報告（二〇〇〇年九月二五日）

第一章『法科大学院における新しい民事実務教育の指針――証拠優越準則に基づく新しい弁護技術と訴訟運営』法社会学会ミニシンポ報告（二〇〇〇年五月一三日）

第二章『実務・研究・教育の統合を目指す法科大学院構想』自由と正義五〇巻五号（一九九九年五月）、日弁連第一七回司法シンポ報告（一九九八年一一月六日）

第三章『法理論教育と法実務教育』月刊司法改革臨時増刊『法科大学院の基本設計』所収九〇頁乃至九三頁（二〇〇〇年八月）、私法学会シンポ報告（二〇〇〇年六月二五日）・明治学院大学シンポ報告（二〇〇〇年七月一日）

第四章『米国・カナダの法曹教育の発展』日弁連ロースクールシンポ報告（二〇〇〇年七月二九日）

第五章　一『Smaller is better! ――少人数法科大学院の提言』NBL六八二号三四頁（二〇〇〇年二月一日）、熊本大学シンポ報告（一九九九年一二月四日）
二『全国ミニロースクールによる大幅増員――隣接業種の廃止に向けて』第二東京弁護士会会派・紫水新聞（二〇〇〇年二月二五日）
右一及び二につき上智大学シンポ報告（二〇〇〇年一月二二日）

第六章『法曹一元を目指す研修弁護士制度創設に向けて』ジュリスト一一二九号（一九九八年）

第七章『規制緩和時代の行為規制運用者としての弁護士――民事規制強化に向けた司法改革』自由と正義

四七巻一一号（一九九六年一一月）

序章　ロースクール構想の将来的展望

二〇〇〇年九月末、文部省の「法科大学院（仮称）構想に関する検討会議」は、報告書を司法制度改革審議会に提出した。ロースクール構想をもって、一発勝負の司法試験から、プロセスとしての法曹養成制度への転換を計り、法科大学院は公平性・開放性・多様性等を確保しつつ、原則三年とし、その修了を新司法試験の受験資格とし、卒業生の相当程度がこれに合格できるようにするというものである。

また、八月八日には、司法制度改革審議会は、新規法曹資格取得者を年間三〇〇〇人程度にする方針を打ち出した。

現在までの関係者の様々な議論や多くの意見が実を結んできたものであり、委員の先生方の見識と努力に対し、深い敬意を表するものである。日本における明治維新、戦後改革に次ぐ第三の変革期にふさわしい改革であり、法の支配の発展にとっての歴史的転換点となることは間違いない。残された今後の課題は、法学教育と法曹教育の内容と方法をいかなるものとするか、全国に多様なロースクールを多数設置できるか、陪審・参審や法曹一元を視野に入れた方向性をいかに目指すか等ということだと考える。そこで、今後の課題について次のとおりの意見を提示すると共に、それを支える基礎的考え方を示す本書の各章を指摘して、お読みになる際の参考にしていただくこととする。

なお、筆者の法科大学院の制度設計に関する最新の意見は、第二東京弁護士会法曹養成二弁センター第四次報告書（資料）と同じである（但し、他学部卒業生の補修コースは不要と考える）。

一　ロースクール構想の実現

(1)　基本理念（規制緩和時代の法曹養成）

日本における第三の変革とは、近年の本格的市場経済への突入である。これによる行政規制の緩和・撤廃に伴う大混乱に備え、法曹の大増員が唱われるようになった。しかし、理念なき大増員はまことに危険である。裁判官、検察官も含めて、市場経済の恐ろしさを十分に知った上でこれを制御できる法曹を育成する必要がある（第七章）。

法曹は、市場経済の下僕となるのか、市場経済をリードする女神となるのかは、ロースクールにおける教育及び研修制度にかかっている（第二章）。

本格的市場経済が進行するとき、新しい法の形成は果敢になされなければならない。日本史上初めての事態であり、今までの法は次々に変革されるであろう。米国法、ＥＣ法は大いに参考となるであろう。またグローバリゼーションは著しく進展している。外国法を知るばかりでなく、その柔軟かつ積極的思考方法を身につける必要がある。法の形成、法学教育は、社会や経済の変動と共に歩まなければならない（第三章）。

(2) 全国各県に多様なミニロースクールを

日本で近代法を導入してからわずか一〇〇年、まだ本格的資本主義となってまもない状況である。法学が政治学、経済学を土台として成立するものであることを抽象的には理解していても、本当にそのような研究や教育が必要とは考えてこなかった。だからこそ、司法試験でも、大した議論もなしに教養選択を廃止してしまったのである。しかるに、法が不況やデフレに大きく関係するばかりでなく、今や先端技術、生殖医療等についていけなくなりつつあることにも直面している。

また、法哲学や法の歴史を学ぶと、法とは絶対的な答えのないものであることが分かる。あるいは、法は流転するものであるということを知る。法律実務家の作業は、単に暫定的な答えや次善の策を出しているにすぎない。それ故、法学教育、法曹教育とは、法を社会内在的な面から多角的に検討すること、多様な意見を闘わせること自体に基本的意義がある。そして、仮に結論を出したとしてもそれは相対的価値を有するにすぎないものであることも認識しうる。そのような教育を徹底的に行うには、学生全員が発言できる少人数教育が必要となる。そのためには、全国の法学部の施設を利用して多くのミニロースクールを作ることが重要となる（第五章）。

法学部は毎年約五万人を卒業させており、大学経営に貢献するマスプロ教育となってしまった。法学部は黒字となっているはずである。

法学部付属ロースクールであれば財政的にも可能である。将来的には、法学部縮小と共にロースクールを拡大すればよい。よって、専門大学院の基準（兼担禁止、一〇対一、実務家三割）や独立大学院の基準はすべてロースクールを予定していたわけではないので、これらを適用すべきでなく、適正かつ現実的なミニマムな基準作りをすべきである。

しかし現在、法学部、法経学部、法文学部のない県が存在する。山形県・岩手県・福島県・茨城県・静岡県・長野県・富山県・福井県・滋賀県・三重県・和歌山県・徳島県・高知県・鳥取県・山口県・大分県・佐賀県・長崎県である。各県の自立性を中心とする地方分権を進め、その地域の法文化を向上させ、弁護士過疎対策を進めるには、少なくとも各県に一つのロースクールは必要である。地元弁護士会が協力して、大学付属のロースクールを早急に作るべきである。

(3) プロセス重視のロースクール（現司法試験の廃止）

司法試験予備校が法学部教育を歪めたとの非難もあるが、補助金を受けないにもかかわらず自由市場の中で勝ち抜いたのであり、その経営者らを批判するべきではない。真に反省すべきことは、司法試験を存続させてきたことである。諸悪の根元は司法試験にある。司法試験の廃止とは、このたび明治以来初めて法学教育、法曹教育の全体プロセスを検討する機会をもったことにより得た重大な成果である。廃止がこのように遅れたのは、法学教育、法曹教育の全体的プロセスを点検する視野を持ち得なかったので、やむを得ない面がある。それ故、ロースクールのバイパスとして現司法試験を残すことは絶対にするべきではない。また、プロセスとしてのロースクール教育を重視する以上、ロースクール卒業者の受ける新司法試験の受験を卒業者以外に許すことも正当ではない。

ロースクールへ行くことの困難な主婦などのためにバイパスを残すという意見も妥当ではない。夜間、パートタイム、通信などの様々なロースクールにより解決すべきである。また、ジェンダー・バイアスの解消に向けて、ロースクール入学者の半分は女性にするという積極的意見こそが重要である。

(4) 三年完結型の教育を

文部省検討会議の報告書は、法科大学院の標準修業年限を三年とし、法学既修者は二年修了を可能とする意見を大方としている。

①　まず、法学既修者（法学部出身）と法学未修者（他学部出身、社会人）を区別して教育することは正当ではない。多様な人材による議論に基づく教育を回避することになってしまう。法の形成は、人々の意識、経済、技術に合わせていく必要があり、他学部出身や社会人は、多様な視点から法の保守性を批判できるからである。

②　司法（実務）修習を一年（又は一年半）存置する場合の内容や理由づけがほとんど検討されていない。前期・後期の集合教育の内、裁判・検察修習は、現場の実務以上に保守的な実務追随的教育であり、理論的教育と実務的教育の架け橋の障害となってきたことは明らかである（第一章、第二章、第三章）。

各大学のシンポ、司法制度改革審議会、文部省検討会議で司法修習の批判的検討が十分にされなかったことは問題であり、今後の最大の課題といえる。

③　学部四年、ロースクール三年の七年とは、教育期間としては限度である。これ以上の期間は明らかに長すぎるものとなる。それ故、司法修習を入れるべきではない。諸外国でも、カナダを除いてすべて七年以下である。カナダの場合、ロースクール卒業生は、権限を持った研修弁護士である（第四章）。

日本では、弁護士事務所における実務修習生といえども権限が何ら付与されていないため、法廷活動はなしえず、指導する弁護士も修習生もいずれも研修に徹底できない。法曹資格を得ないと権限を付与できないならば、研修弁護士制度によることが可能である（第六章）。

④　筆者は、現在では法曹養成二弁センター第四次報告書の意見のように、三年次にはクリニック又はエクスターンシップで権限を付与してしまうことが理想と考えている（資料）。すなわち、実務研修においては、単に技術を真似ることを体験するのではなく、法実務について批判的視点をもって議論することが重要となる。そのような教育は、ロースクールにおける一貫した教育の中で行われることの方が容易かつ健全である（第三章、第四章）。

⑤　ロースクールを創設するならば、将来的には法学部は法経学部又は法文学部のようなものになるであろう（第五章）。しかし、ロースクールの立上げのためにも、今から約一〇年～一五年は法学部を存置させざるを得ない。その間は法科大学院二年と研修弁護士とすることも一案である。その場合、他学部生や社会人は法学部四年次に編入させることにより、法科大学院では法学部卒業者と一緒に同じ教育を始めることができる（第五章）。ここで司法修習を入れると、社会人、他学部生には長すぎる教育期間となる。

⑥　結局、理想的には、三年間完結型教育を学部の出身を問わずに一緒に行うべきであるということにならざるを得ない。それが法曹養成二弁センター第四次報告書の制度設計である。司法修習は廃止し、ロースクール三年次にクリニック、エクスターンシップを取り込むことにより、全員協働学習、

批判的実務教育、適正な長すぎない教育期間を実現できる（資料）。

(5)　ミニ法曹一元（研修弁護士）を

法曹一元の実現は、即時か、短期か、長期か。時間的観念を入れて検討してもらいたいものである。第二東京弁護士会の提言（第三次報告書）、第四次報告書も、ロースクール発足後約一〇年と明確にしてきた。その間、ロースクール卒業生が権限をもった弁護士として二年間業務を行うミニ法曹一元を実現しようというものである（第六章）。

日本において特に法曹一元が必要と主張されているのは、証拠開示制度がないことに大きな理由があると考える。民事・刑事で証拠開示を採用することがベストの選択であり、司法制度改革審議会はその採用に向けて積極的に取り組むべきである。しかし、その実現の有無にかかわらず、証拠がどこに存在するか、どのように隠されているか、どうしたら提出させられるかについては、現場の弁護士を経験すればどれほど、役に立つか分からない。また、社会における様々な経験則についても弁護士の現場で知ることができる。証拠の偏在への対策、適正な経験則に基づく事実認定のために、法曹一元が求められている（第一章）。

(6)　陪参審の実現に向けて

ロースクールでは、外国法を基礎とする研究の成果を十分に享受することが可能となる。それらは、陪審・参審を持つ国々の法の動態を検討することとなる。また、法のグロバリゼーションは驚くほど進んでいる。陪参審への理解なくして国際的視野をもって深く法を理解することは困難となりつつある。日本でも陪参審を重要事件からでも始めてみるという向学心（実験的精神）を持つべき時期であろう（第三章）。

参審であれば、決定権を有する参審員が裁判官の数より多い必要がある。陪審であれば、刑事だけでなく民事についても選択する権利を与えるのが課題である。

また、陪審においては、陪審員に事実認定の厳格さを期待している。しかし、それ以上に重要なことは、陪審員は、法を適用するときに、保守的になりがちな法曹よりも進んだ価値判断ができることである。例えば、チッソ補償交渉において、傷害罪に問われた川本事件、あるいは横暴な警官に対する公務執行妨害事件等は、仮に事実があるとしても法の不適用により無罪になりやすい。

さらに、民事陪審では、当然に分かりやすい証拠優越準則がとられたり、ディスカバリーが採用されたり、日本では余りに安いとされている損害賠償金が被害者救済に向けて上昇することとなる。

このような将来を想いながらロースクールを展望すると、ロースクールの授業が真に活気づくのは、陪審により古い法が民衆により乗り越えられていくときであろう。

（付記）本書第二章、第五章、第六章、第七章は発表時期がやや古くなったが、若干の手直しに止めた。

二　ロースクール構想の発展

(1)　司法改革の基盤としてのロースクール

(a)　規制緩和推進計画

日本においては、一〇年程前から、経済学者を始めとして、自由民主党、政府、行政改革委員会が、経済的規制の緩和・撤廃または行政規制の緩和・撤廃を強力に推進させてきた。一九九五年の行政改革委員会報告書は、「規制緩和が進み自己責任の原則が徹底する社会では、意見の対立は行政によってよりも、むしろ司法によって解決されることが原則となる。その意味で、司法は規制緩和後の世界の基本インフラといえる。従って、規制緩和を進めていくためには、わが国の司法の機能を一層充実・強化する必要がある」と主張した。法曹人口の大幅増員が主張され、法曹三者による法曹人口自体の規制に対して強い批判がされるに至った。

弁護士会においては、規制緩和、法曹増員に反対する守旧派が現在まで残ってきた。これに対して改革派は、規制緩和、法曹増員に賛成するものの、弱者保護、被害者救済、人権擁護等を徹底するために、法曹の質の向上、積極司法への転換を目指して、ロースクール構想を推進してきた。ロースクール構想は、積極司法、法曹一元、陪参審等の司法改革の大きな基盤と位置づけられている。

(b) 司法試験合格者の増員

法曹三者協議会の合意の下に、司法試験合格者を一九九八年に八〇〇人程度、一九九九年には一、〇〇〇人程度とし、司法修習生の受入れの困難性から、司法修習期間を二年から一年六ヵ月に短縮した。各三ヵ月の、司法研修所前期、弁護士事務所、民事裁判所、刑事裁判所、検察庁、後期の修習である。司法試験合格者の増員と共に、司法研修所の集合教育及び裁判所・検察庁の実務修習の受入れが困難になるとの主張がされていたからである。これに対し、一九九七年自由民主党司法制度特別調査会におけるヒアリングで、佐々木毅東京大学教授及び佐藤幸治京都大学教授（現司法制度改革審議会会長）が、米国のロースクールを紹介しつつ、簡単なロースクール構想を提言した。

(c) 司法試験予備校の隆盛

一九七五年頃から司法試験予備校が開設され、早稲田経営学院、東京リーガルマインド、伊藤真塾等の予備校が、しのぎを削って合格者数の増員を競い合った。その結果、学生は法学部の授業に出ないか、またはダブルスクール化が進行していった。しかし、司法試験予備校は、法学部以外の学生（他学部）または社会人を合格させる点での社会的意義を発揮した。

(d)　主要意見の影響

①　宮澤節生教授（法社会学、神戸大学→早稲田大学）は、当初からアメリカ型ロースクールの熱心な主唱者であり、日本の硬直化した法実証主義を批判し、ノネ＝セルズニックの応答的司法を目指すために法曹一元と法学教育の改革を唱えた（章末別表のマーク①参照）。

②　柳田幸男弁護士は、ハーバード・ロースクールに学び、また客員教授をした経験を基に、ハーバード・ロースクールの法学教育を紹介した。日本における法学専門教育の欠如を訴え、アメリカ型ロースクール構想の必要性を唱えた。大学四年間のリベラル・アーツの教育の重要性を強調し、日本の法学部廃止（四年間教養学部化）を主張した（別表のマーク②参照）。

③　田中成明京都大学教授（法哲学）は、京都大学法学部長の立場でもあったことから、法学部を存置するものの、法学部と大学院との連続性を重視しつつ、日本型法曹大学院を構想し、法曹養成制度改革を提言した（別表のマーク③参照）。

④　遠藤直哉弁護士は、「実務・研究・教育の統合を目指す法科大学院構想」を発表し、実務と研究の著しい乖離を解消すべきことを強く訴え、実務と研究を融合・統合すべきことを主張した。「日本の裁判所および検察庁においては、人権侵害の防止または救済、公害・消費者被害などの救済、暴力団の犯罪の抑止などが充分になされてこなかった。このような実務を改革するために

は、広い視野から柔軟な創造的思考をする新しい法曹が求められている。従前の条文解釈を中心とした実定法教育、これを試す司法試験、現行の実務を注入する司法研修所の教育を改革する必要があり、そのためにはロースクールにおいて法創造学（基礎法学・外国法・法政策学）などを充分勉強させつつ、良き解釈学（創造的な法教義学）を理解させることを教育の目標とすべきである」と主張した。法哲学者ハート、フィーヴィック、ドゥオーキンらの法の創造に関する思想を参考に、日本の法の後進性を批判し（田中成明『法理学』参照）、これを改革するには法学教育の抜本的変革を要すると訴えた（別表のマーク④参照）。

以上の専門分野が異なる四人の論文がほぼ同時期に発表されたことは、もはや大きな時代の流れが始まっていたといえる。この四人の論文により、その後のロースクールの論議の骨格が作られるに至った。しかし、その問題提起は現在まで引き続き重要な課題となっている。たとえば、第一に、法学部を存置すべきかどうか、存置するとしたら、学部と大学院の教育内容はどのようになるのか。第二に、実務と研究の乖離を解消することは可能か、そのためには何がなされるべきか。

なお、第二東京弁護士会法曹養成二弁センターは、ロースクール問題について、一九九八年一〇月第一次報告書、一九九九年四月第二次報告書を発表し、ロースクール構想の問題点を詳細に検討しつつ、積極的に採用しうることを提言した。法曹増員を内容とするロースクール構想は、全国の弁護士会においては直ちには支持を得られなかったが、全国約九〇以上の大学法学部に大きな影響を与えることとなった。

(e)　全国の大学におけるロースクール・シンポジウム

一九九九年七月三日の京都大学ロースクール構想のシンポジウムを皮切りに、全国約三〇以上の大学においてシンポジウムが開かれるに至った。各大学のロースクール構想チームは、法学教育の復権と法曹教育への参加を強く打ち出した。このように法科大学院構想は、全国に燎原の火のごとく熱狂的に広がっていった。

(f)　司法研修所教育の存廃

第二東京弁護士会（会長川津裕司）は、一九九九年一〇月一二日、法曹養成二弁センター第三次報告書（川端和治委員長）を第二東京弁護士会の正式な提言として公表し、司法研修所教育の廃止を主張した。当初からロースクールは司法修習（一年半）に代わるものと考えられてきたことを明確にして、教育の質の点でも、弁護士による教育は別として、裁判官・検察官による司法研修所の実務追認教育を批判した。官僚司法から法曹一元への改革を開始するために、最高裁管理下の司法修習制度の廃止の重要性を訴えた。そして、実務教育の不足をカバーするため、研修弁護士制度二年を主張した。大学側の提言のほとんどは、法学部を存置し、法科大学院に法学部卒業者、他学部卒業者、社会人を受け入れ、プロセスとしての教育を行い、一発勝負の司法試験を廃止し、法科大学院卒業生の八割ないし九割が新司法試験に合格するという構想であり、この点では、ロースクール賛成の人々の間で大方一致した。しかしながら、大学側のほとんどは、詳細な理由のないままに司法修習を一年存置するというものであった。

(g) 司法制度改革審議会の発足と意見

① 法曹養成　一九九九年七月二七日、佐藤幸治京都大学教授を会長とする司法制度改革審議会が発足した。法曹増員、ロースクール構想、法曹一元、陪審及び参審などが検討課題とされていた。

二〇〇〇年四月二五日、司法制度改革審議会は、「司法・法曹が二一世紀の我が国社会において期待される役割を十全に果たすための人的基盤を確立するためには、法曹人口の大幅な増加や弁護士改革など、法曹のあり方に関する基本的な問題との関連に十分に留意しつつ、司法試験という点のみによる選抜ではなく、法学教育・司法試験・司法修習を有機的に連携させたプロセスとしての法曹養成制度を新たに整備することが不可欠であり、各大学から相次いで公表された法科大学院構想は新たな法曹養成の核となるものとして有力な方策である」とした。そして、法科大学院における法曹養成教育のあり方やその制度設計に関する具体的事項については、文部省において大学関係者および法曹三者の参画の基に専門的・技術的見地から検討を行い、その結果を二〇〇〇年九月頃までに提出することを依頼した。その際、「法科大学院の制度設計にあたっては、公平性・開放性・多様性を旨とし、理論的教育と実務的教育を架橋するものとする。また法科大学院における教育は、少なくとも実務修習を別に実施することを前提とする」との基本的考え方を示した。

② 法曹人口　二〇〇〇年八月九日、司法制度改革審議会は、「現在検討中の法科大学院構想を含む新たな法曹養成制度の整備の状況を見定めながら、計画的にできるだけ早期に、年間三〇〇〇人程度の新規法曹の確保を目指していくという方向で大方の意見の一致がなされた」との意見をとりまとめた。

③ 法曹一元　二〇〇〇年八月九日、司法制度改革審議会は、「法曹一元という言葉は多義的であり、この言葉にとらわれることなく、論点整理にあるように、『法の支配の理念を共有する法曹が厚い層をなして存在し、相互の信頼と一体感を基礎としつつ、国家社会のさまざまな分野でそれぞれ固有の役割を自覚しながら、幅広く活躍することが司法を支える基盤となる』との基本的な考え方に立脚して、二一世紀日本社会における司法を担う高い質の裁判官を獲得し、これに独立性をもって司法権を行使させるため、これを実現するにふさわしい、各種さまざまな方策を構築すべきことに異論はなかった。制度構築の方向性としては、裁判官の給源、任用方法、人事

制度のあり方につき、給源の多様化・多元化を図ることとし、判事補制度を廃止する旨の意見もあったが、少なくとも同制度に必要な改革を施すなどして高い質の裁判官を安定的に供給できるための制度の整備を行うこと、国民の裁判官に対する信頼感を高める観点から、裁判官の任命に関する何らかの工夫を行うこと、裁判の独立性に対する国民の信頼感を高める観点から、裁判官の人事制度に透明性や客観性を付与する何らかの工夫を行うことなどについて、大方の意見の一致をみた。当審議会は、かかる観点に基づき、今後あるべき裁判官制度について、その具体像を審議検討することとする」との意見をとりまとめた。

(h) 法曹養成二弁センター「ニューヨーク・ロースクール調査報告書」

宮澤節生教授のコーディネートにより、ニューヨーク大学（NYU）、ニューヨークロースクール（NYL）、ニューヨーク市立大学（CUNY）を調査して、二〇〇〇年六月に詳細なニューヨーク調査報告書を発表、米国ロースクールにおけるクリニカル・エデュケーション（Clinical Education）を紹介し、実務と研究の連続性の意義を明らかにして、多くの関係者に大きなインパクトを与えた。これをもとに二〇〇〇年七月六日、アメリカ型ロースクール構想（三年目に学生に弁護士の権限を付与した形のクリニック又はエクスターンシップ）、研修弁護士二年を内容とする第四次報告書を発表するに至った。

(i)　文部省「法科大学院構想に関する検討会議」

①　二〇〇〇年五月三〇日、文部省検討会議は開始された。これに先立ち二〇〇〇年四月から川端和治弁護士は第二東京弁護士会会長・日本弁護士連合会副会長に就任し、司法制度改革・ロースクール問題の担当者となり、四月一五日、日本弁護士連合会としてロースクール構想を積極的に検討する次のような方針をまとめ、文部省検討会議に日弁連代表として参加するに至った。

『いかなる法曹養成制度が採用されるかは、わが国の将来にとって極めて重大な意味を持っている。日本弁護士連合会は、いわゆるロースクール構想については下記の各事項の真摯な検討が欠かせないものと考える。

ⓐ　司法改革において実現されるべき法曹養成制度は、法曹一元制を目指し、弁護士養成を着眼としたものでなければならない。

ⓑ　ロースクール（法科大学院）のカリキュラムは、法曹の果たすべき公益的役割を理解させ、倫理的責任を自覚させると共に、高度の学識のみならず、分析能力、応用能力、表現能力及び基礎的で実践的な実務的技能を習得させるものでなければならない。また、法曹養成における実務修習の重要性を認識し、これを適切に行うものでなければならない。

ⓒ　ロースクール（法科大学院）は、全国に適切に配置されなければならず、その設立と運営は地域社会に根ざしたものでなければならない。

ⓓ　ロースクール（法科大学院）は、経済的理由で進学が困難な者にも、他学部・他大学の出身者にも、社会人にも広く門戸を開放するものでなければならない。

ⓔ　新しい法曹養成制度は、認可基準の策定、実務家教員の確保、新司法試験運営、実務修習などその全課程において弁護士会が主体的且つ積極的に関与するシステムとされなければならない。』

②　二〇〇〇年八月七日、検討会議は中間報告書をとりまとめ、司法制度改革審議会へ提出した。「法科大学院の期間を三年制とするが、法学部卒業者のうち法学既習者は二年としうる。法科大学院終了を新司法試験の受験資格とするが、新司法試験は法科大学院修了者のうち相当程度が合格するものとする。三回程度の受験回数制限を設けることが合理的である。一定の客観的基準を満たしたものを設置認可するものとし、広く参入を認める。但し、設置認可基準は厳格なものとする。法科大学院の第三者評価の制度を設定する」等を内容とする。九月末に司法改革審議会に提出された報告書も同種の内容である。

(j)　日弁連臨時総会決議

二〇〇〇年一一月一日、日弁連臨時総会において、「法曹人口、法曹養成制度並びに審議会への要望に関する決議」を提案する予定である。「法曹人口については国民が必要とする数を確保するよう努める。法科大学院は公平性・開放性・多様性を基本理念とし、全国に適性配置する」などを内容とする（右提案は、同日可決承認された）。

これに対して、法曹増員への従前からの抵抗、司法研修所教育へのノスタルジア、法科大学院の授業料は高すぎる、金持ちしか入学できなくなる等の反対意見、公平性・開放性・多様性の実現への危惧感を表明する中間的意見等、百花繚乱の状態である。

(2) 今後の課題

(a) 法学部の存続

日本において法学部は約九〇以上、修士課程を持つ大学院は約六〇以上存在する。それ故、法科大学院を設置するために法学部の図書館・施設・教員を活用するのは、その実現のために便利といえる。現在、法学部卒業生は約五万人である。大教室における講義形式によるマスプロ授業であり、コストの少ない収入源となり、大学全体の財政に貢献している。これに対して、新しい法科大学院の教育は、少人数教育・ソクラティックメソッドを中心とするものであり、また弁護士を中心とする実務家教員を受け入れる必要がある。従前の法学部より人件費のコスト増になることは明らかだが、二〇人～三〇人に一人の教員を確保するコストであり、決して不合理な費用ではない。独立採算としても経営可能といえる余地もあるが、法学部と一体の財政とすればより容易といえる。

(b)　法科大学院の数

新司法試験合格者を三、〇〇〇人程度確保するためには、仮に法科大学院の入学者数を三、五〇〇人と仮定してみる。二〇〇人×五校＝一、〇〇〇人、一〇〇人×一〇校＝一、〇〇〇人、五〇人×三〇校＝一、五〇〇人、合計三、五〇〇人となる。

上記五校とは、東京大学、京都大学、慶應大学、早稲田大学、中央大学である。全部で四五校となるが、迅速な立上げは可能か否かが問題である。但し、右のような案は未だ示されていない。

(c)　修了年限

法学部が少なくとも一〇年は存続するであろうから、法学既習者と他学部出身者を区別するべきかが問題となっている。法科大学院の修了年限を原則三年とし、法学既習者を二年とすると、多様な学生を同時に教育するという利点が失われる。法学既習者といえども大教室の法学部教育を前提にしているので、新しいロースクール教育を一年間受けたものとみなすことが妥当であろうか。法学既習者を厳しい試験で制限するのか、それとも法学部卒を原則として既習者と見なすのか不明確である。法科大学院は全員三年とすることが妥当とする意見もあり得る。

(d)　司法修習

司法修習を一年間とした場合であっても、司法修習生の受入れ能力があるのかが問題となる。まず、司法研修所前期・後期において、施設及び教員の増強は困難であり、また検察庁・裁判所の実務修習生の受入れは相当厳しいと言われてきた。ただし、ドイツの実務修習では多人数受入れを実施しているし、予算の増加などにより解決できる点もある。最高裁は、増加する司法試験合格者を受入れできるかどうかについては、やや矛盾した発言もあり、不明確でもある。

次に、実務修習を一年行う場合には、司法修習生に弁護士としての権限を付与するのか否かが課題であるが、現在のところ法曹養成二弁センター第四次報告書及び明治学院大学の構想を除いて、ほとんど議論されていない。法科大学院を三年とし、無権限の司法修習生に一年間実務修習をさせることは、合計四年となってしまい、無用に長期化するとの批判もあり得る。

(e)　実務家教員

法科大学院を設立しても、弁護士などの実務家教員を派遣しない限り、法曹専門教育は可能とならない。現在全国の各弁護士会が大学と協議に入っているが、多くの弁護士は業務多忙であり、法科大学院の授業を担うためには相当な努力を要する。

(f)　授業料など

法科大学院を卒業するまでの間、奨学金を受けたり、ローンを利用する必要がある。現在の予備校教育には費用がかかり、かつ合格の確実性はない。これに対して法科大学院の場合には、合格の確率が高くなるので、ローンを利用することも可能となる。但し、在学中の利子を公的資金で補助するなどの必要はある。

(g)　研修弁護士制度

法曹養成二弁センターは一貫して研修弁護士制度二年を提言してきた。これは弁護士についての開業制限と研修義務を課してはいるが、弁護士としてのほぼ完全な権限を与えるものである。学生のクリニックの場合には、監督者同席を原則とするので、これと異なるものである。カナダのアーティクリングを参考としたが、これより権限を強めるものである。法曹一元が実現するまでの間、ミニ法曹一元として研修弁護士制度は、現状における最も重要な提言となりつつある。

(h)　入学試験

全国統一の適性試験（米国のＬＳＡＴのようなもの）を中心に行うべきものか、この比重を下げて他の方法を併用するべきか、法学部卒にはどのような試験を課すべきかが議論されている。しかし、重要なことは、試験委員会に外部の者、学生などを入れ、手続を開放して透明化することであろう。

(i)　新司法試験

厳しいものとすべきか、緩やかなものとすべきか、法科大学院卒業生以外の者も新司法試験を受験できるか、旧司法試験を暫定的又は長期に残すかが議論されている。しかし、現行司法試験は、その受験コスト（予備校授業料、長期生活費用）が高く、その弊害が余りにも大きくなったので、早期完全撤廃を目指すべきであろう。

(j)　法科大学院卒業者の将来の進路

法曹人口の増加と共に、弁護士は、官庁・企業・大学に入ったり、税理士（約六四、〇〇〇人）・司法書士（約一七、〇〇〇人）・弁理士（四、三〇〇人）等の分野（隣接業種）に進出することが予想される。公認会計士は現在増員されているので、特に税理士の分野は、双方から浸食されて、縮小することが予想される（参照、萩原金美「法の支配・法曹人口・法科大学院(上)(下)」判タ一〇二五号・一〇二六号）。

<別表> 法科大学院論議の経緯一覧

1990年	10月16日	法曹三者協議会「司法試験制度改革に関する基本的合意」(「法曹養成制度改革協議会」の設置、5年間で合格者合計900人増員、5年間の検証期間設置)	
1991年	4月23日	司法試験法改正(教養選択科目廃止、合格枠制採用)	
	6月25日	「法曹養成制度等改革協議会」発足	
1995年	3月31日	閣議決定「規制緩和推進計画」(法曹人口の大幅増員)	
1996年	11月13日	「法曹養成制度等改革協議会」意見書(司法試験合格者1,000名へ増員で一致)	
1997年	3月28日	閣議決定「規制緩和推進計画の再改定について」(97年10月までに1,500名へ増員の結論を得、97度中に1,000名へ増員)	
	6月12日	自由民主党「司法制度特別調査会」設置	
	6月18日	佐々木毅東京大学教授ヒアリング「司法改革と教育体制のあり方――人材養成のための前向きの構想を」(「長期的にはロースクール構想の実現を図る以外に選択肢はない」) 自由民主党・司法制度特別調査会報告第2回総会	
	10月28日	法曹三者協議会「司法試験制度と法曹養成制度に関する合意」(98年度800人程度、99年1,000人程度に増員させ、修習期間を1年6カ月短縮、二次試験科目を変更)	
	11月11日	佐藤幸治京都大学教授ヒアリング　自由民主党・司法制度特別調査会報告第6回総会 自由民主党・司法制度特別調査会中間報告「司法制度改革の基本的な方針――透明なルールと自己責任の社会に向けて」(「ロースクール方式の導入など、法曹人口の大幅増員に対応する法曹養成のあり方について検討する」)	
1998年	2月1日～15日	柳田幸男弁護士「日本の新しい法曹養成システム――ハーバード・ロースクールの法学教育を念頭において(上・下)」ジュリスト1127・1128号	②
	5月6日	司法試験法・裁判所法改正公布(修習期間の短縮、二次試験科目の変更)	
	5月19日	経済団体連合会「司法制度改革についての意見」(「大学院レベルの法学課程(ロースクール)の開設」)	
	6月4日	田中成明「法曹養成制度改革と法学部・大学院の対応」国立9大法経学部長会議	③
	6月16日	自由民主党・司法制度特別調査会中間報告「21世紀の司法の確かな指針」(「ロースクール方式の導入…も検討されなければならない」)	

	10月９日	宮澤節生「法曹一元の実現に向けて」『京都弁護士協同組合20周年記念出版』	①
	10月15日	第二東京弁護士会法曹養成二弁センター「法科大学院（ロースクール）問題に関する中間報告書（第１次）」	④
	10月26日	大学審議会「21世紀の大学像と今後の改革方策について――競争的環境の中で個性が輝く大学」（大学院における高度社会人の養成）	
	11月６日	日弁連第17回司法シンポジウム（遠藤直哉弁護士のロースクール構想報告）	④
	11月20日	日本弁護士連合会「司法改革ビジョン―市民に身近で信頼される司法をめざして 宮澤節生「応答的司法のための司法改革・弁護士改革の課題――日弁連への期待」『21世紀司法への提言』（日本評論社）	①
1999年	２月23日	文部省「法学教育の在り方等に関する調査研究協力者会議」設置	
	２月28日	田中成明「法曹養成制度改革と大学の法学教育」『京都大学法学部百周年記念論文集第１巻』（有斐閣）	③
	４月15日	第二東京弁護士会法曹養成二弁センター「法科大学院（ロースクール）問題に関する中間報告書（第２次）」	
	５月	遠藤直哉「実務・研究・教育の統合を目指す法科大学院構想」自由と正義	④
	７月３日	**京都大学**シンポジウム「法曹養成と大学の法学教育」	
	７月５日	**大阪大学**シンポジウム「21世紀の法学教育と法曹養成――日本型ロースクールに向けて」	
	７月27日	「司法制度改革審議会」発足	
	９月	田中成明「日本型大学院構想について――法曹養成制度改革と大学の法学教育」自由と正義99年９月号	③
	９月14日	大学院設置基準の一部改正（専門大学院、学生10名に１人の教員、３分の１の実務経験教員）	
	９月20日	**東京大学**シンポジウム「法曹養成と法学教育――法学部・法科大学院の果たすべき役割」	
	９月26日	**神戸大学**シンポジウム「近未来の法曹養成における大学の役割」	
	10月12日	第二東京弁護士会「法曹人口及び法曹養成制度についての提言」 法曹養成二弁センター「法科大学院（ロースクール）問題に関する中間報告書（第３次）」	

	10月16日	**九州大学**シンポジウム「大学教育と法律実務家養成に関する連続シンポジウム（第１回）」 **岡山大学**シンポジウム「地方における法学教育の新しい展開」
	11月２日	大阪弁護士会「ロースクール構想についての中間意見書」
	11月６日	**一橋大学**シンポジウム「法科大学院による法曹養成教育」
	11月12日	東京弁護士会「ロースクールについての中間意見書」
	11月15日	**九州大学**シンポジウム「大学教育と法律実務家養成に関する連続シンポジウム（第２回）」
	11月19日	日本弁護士連合会「司法改革実現へ向けての基本的提言」
	12月３日	第二東京弁護士会シンポジウム「21世紀のあるべき法曹養成制度」
	12月４日	**熊本大学**シンポジウム「地方における法科大学院の必要性――連携と協力への模索」 **広島大学**シンポジウム「21世紀の法学教育を考える――法科大学院構想と法学教育」
	12月13日	**九州大学**シンポジウム「大学教育と法律実務家養成に関する連続シンポジウム（第３回）」
	12月14日	行政改革推進本部規制改革委員会「規制改革についての第二次見解」（法曹人口の大幅増員）
2000年	１月８日	**明治大学**「法科大学院構想に関する公開講演会」
	１月22日	**上智大学**シンポジウム「21世紀における法曹教育――国際・環境・個性」
	１月23日	**早稲田大学**シンポジウム「私立大学における法学教育と法曹養成」
	１月30日	**立命館大学**連続シンポジウム「21世紀の法曹養成（第１回）」
	２月22日	自由民主党政務調査会司法制度調査会「法曹養成・法曹教育及び資格試験のあり方に関する小委員会」第４回会合「ロースクールについて」　田中成明「法科大学院構想と法学教育の再編成について」　田中成明「ロースクールについて」
	２月26日	**金沢大学**シンポジウム「地方における法学教育の将来構想」
	３月２日	司法制度改革審議会第14回　井上正仁「法曹養成制度改革の課題」

3月11日	**中央大学**シンポジウム「21世紀に求められる法曹の養成と大学の役割」
3月14日	司法制度改革審議会第15回　小島武司中大教授「法科大学院構想について」
4月11日	司法制度改革審議会第16回「法曹養成制度の在り方について」
4月14日	**名古屋大学**シンポジウム「国際化の中の司法制度改革」
4月15日	日本弁護士連合会「いわゆるロースクール構想について」（法曹一元性との関係、カリキュラム、配置、開放性、弁護士会との関係）
4月15日～16日	**立命館大学**連続シンポジウム「21世紀の法曹養成（第２回）」
4月25日	司法制度改革審議会第18回「法曹養成制度の在り方に関する審議の状況と今後の審議の進め方について」
4月28日	**関西大学**シンポジウム「法曹養成機関としての大学の責務」
5月13日～14日	**法政大学**シンポジウム「21世紀の法学教育・法曹養成――米独仏比較のなかで、この国のかたちを公論する」
5月17日	**新潟大学**シンポジウム「高度専門職業人としての法律家養成と法学教育――地域におけるリーガル・サービスの充実に向けて」
5月27日	**関西学院大学**シンポジウム「日本型ロースクール構想と法学教育」
5月27日	**名城大学**講演会「司法改革と大学教育――法科大学院構想に関連して」
5月30日	文部省「法科大学院（仮称）構想に関する検討会議（第１回）」
6月	第二東京弁護士会法曹養成センター「ニューヨーク・ロースクール調査報告書」
6月3日	**北海道大学**シンポジウム「21世紀の新たな法曹養成制度と法学教育の構築を目指して」
6月17日	**創価大学**シンポジウム「法科大学院構想と法学部教育」
6月24日	**立教大学**シンポジウム「法学部教育と法曹養成の連続と不連続――立教大学における法学教育と法曹養成の将来像」
6月25日	私法学会シンポジウム「法曹養成制度改革と法学教育」

	6月26日	**大東文化大学**シンポジウム「法曹養成教育と連携・連合型法科大学院――その可能性をさぐる」
	7月1日	日本学術会議第2部会シンポジウム「法学・政治学教育改革と法曹養成」 **明治学院大学**シンポジウム「中規模法科大学院における特色ある法曹養成教育」
	7月6日	第二東京弁護士会法曹養成二弁センター「法科大学院（ロースクール）問題に関する中間報告書（第4次）」
	7月8日	**龍谷大学**シンポジウム「法へのアクセス――市民が育てる明日への法律家」
	7月15日	**鹿児島大学**シンポジウム「地域における法の担い手の将来像――市民のためのリガールサービス充実を目指して」 **慶應義塾大学**シンポジウム「慶應義塾における21世紀の法学教育」
	7月22日	**獨協大学**シンポジウム「法学教育とロースクール構想」
	7月29日	**琉球大学**シンポジウム「沖縄における法曹養成と法科大学院」 日本弁護士連合会シンポジウム「日本型ロースクール――公平、開放、多様なロースクールを確立するために」（川端私案）
	7月末	文部省「法科大学院（仮称）構想に関する検討会議」中間報告書提出
	8月9日	司法制度改革審議会「年間3,000人程度の新規法曹の確保についてのとりまとめ」「法曹一元についてのとりまとめ」
	8月10日	「法科大学院の基本設計――法曹養成の公平性、開放性、多様性を求めて」司法改革臨時増刊（現代人文社）
	9月末	文部省「法科大学院（仮称）構想に関する検討会議」最終報告書提出
	11月1日	日弁連臨時総会決議（案）

（注）　本表は上記2000年8月10日「司法改革臨時増刊号」171～173頁を利用させていただき加除訂正したものです。

第一章　法科大学院における新しい民事実務教育の指針

——証拠優越準則に基づく新しい訴訟運営論——

一　提案の要旨

日本の民事司法の改革のために、大要以下のように提案する。

(1)　証拠優越準則の採用

日本の司法においては、裁判の基礎をなす証明度について、十分な教育がされないため正確な理解をされず、正当な運用がなされていない。刑事の場合には、「無罪の推定」があり、犯罪の認定には「合理的疑いを越えた確信」(beyond a reasonable doubt)（九〇％程度の証明度）を要するとされているにもかかわらず、裁判の実務では往々にして「有罪の推定」がされ、被告人に無罪立証のための過大な負担が課せられているといわれている。また民事の場合にも、日本では学説も最高裁も、「確信に至る程度の証明度」（民事確信説、八〇％程度の証明度）を要求し、原告（公害、医療過誤、消費者被害の被害者等）に過大な立証責任を課してきた。しかし、今後は、民事の場合には、英米の「証拠優越準則」（preponderance of evidence）（五一％の証明度）を採用し、被害者救済を進めるべきである。すなわち、「証拠優越準則」は、従来の不当な「民事確信説」に比べ、被害者・弱者に証明を容易にし、また、原告・被告を対等に扱う訴訟ルールとして、規制緩和時代に相応しいものであり、分かりやすく、公平・迅速な裁判を行うのに必要なものである。「証拠優越準則」については、英米ばかりでなく、今やグローバルスタンダードとなっており、太田勝造教授『裁判における証明論の基礎』（弘文堂、昭和五七年）により既にその正当性が明らかにされている。日本の裁判の現場でも既に適正・迅速裁判を目指す裁判官らは「証拠優越準則」で運用しているとの見方もあるが、すべての民事裁判で使用する基準とすべきものである。よって、この「証拠優越準則」を民事訴訟法に明記すべきである（刑事訴訟法にも「無罪の推定」又は「合理的疑いを越えた証明」を明記すべきである）。

(2)　司法研修所教育（前期・後期）の廃止

日本の裁判官・弁護士は、証拠開示制度のない状況の中で、事案解明をするために大変な苦労をしている。しかし、司法研修所では、例えば「証拠開示の制度がないから、文書提出命令を拡大すべきである」又は「証拠優越準則を採用して事案解明に努力すべきだ」等の教育をほとんどしていないし、被害者救済のための訴訟運営について自由な討議が十分にされていない。すなわち、裁判の現場で裁判官や弁護士が多くの苦労をしていることすら反映されていない。現在までの要件事実教育（証明度を高めたまま、主張責任・立証責任を間接事実まで無理に一致させること）をやめ、今後は、自己に有利な事実については主張責任を負わせ、立証責任は証拠の保持者に負わせることとし、そして証拠優越準則を基に証拠提出責任を中心に裁判を行うべきであり（現在でも、良心的な裁判官はそのように努力しているが、強制力がないために苦労している）、そのような教育を法科大学院で行うべきである。司法研修所においては、被害者救済のための教育とは逆の要件事実教育を行ってきたのであり、長い間に訴訟に与えた弊害は計り知れない。

(3)　証拠開示制度等の採用

民事裁判における事案解明には、上記提案に止まらず証拠開示制度が必要であり、採用に向けての検討をすべきである。しかし、一挙にこの制度を採用できないならば、その準備のためにも、現在の証拠収集制度を次のように改革することを提案する。

(a)　証拠保全制度の拡大

①　すべての文書の閲覧をさせること、文書提出命令と同じ範囲の文書の謄写をさせること。

②　拒否した場合の制裁を設けること（現行法は強制力を付与していない）。

③　裁判官の立会を要しないものとすること（必要に応じて、書記官又は執行官の立会とする）。

(b)　当事者照会・陳述書の早期提出の強制

①　回答拒否・不提出についての制裁を設ける（現行法は強制力を付与していない）。

②　米国のディスクロージャー制度又は英国の制度を参考として、当事者照会・陳述書の早期提出を充実させる。

（以下は、全面的証拠開示制度採用の有無にかかわらない改革案である。）

二　はじめに——審理の適正・充実・促進のための指針

司法制度改革審議会は、一九九九年七月に開始された。目的として、「利用しやすい司法」の実現が挙げられ、検討課題として、法曹人口の増員、法科大学院構想、法曹一元、陪参審等が予定されている。その背景としては、民事裁判制度及びその運営方法に対して各方面から強い不満が高まっていることがある。ドイツ、米国等においては、現在まで大きな民事訴訟改革を実行し、成果を挙げてきた。しかし日本では、一九九八年一月から新民事訴訟法が実施されたものの、法改革自体が大きなものではなかったこともあり、その後の訴訟運営においても成果は期待されたもの以下となっている。本稿では、基本的には筆者の二五年にわたる弁護士の法廷活動の経験を総括しつつ、現状の分析を加えた上で、今後の指針を提言するものである。本指針の趣旨は、①英米法の「証拠優越準則」の採用に基づく証明度の軽減、②当事者（代理人弁護士）の事案解明のための求釈明活動の強化と証拠提出責任の明確化、③裁判官の心証開示付積極的訴訟活動の促進である。

二　はじめに

すなわち、現状のところ、当事者の一方が求釈明を行っても、相手方弁護士は自己が主張・立証責任を負わない事項についての応答を避けようとし、裁判所は釈明権、釈明処分、文書提出命令に関して依然として極めて消極的である。この弁護士の拒絶的対応と裁判所の消極的姿勢が、審理の適正・充実・促進を阻む基本的原因となっている。本稿では、右状況を改革する方法とされている従前の訴訟促進策（例えば「民事訴訟のプラクティスに関する研究」[1]）には根本的欠陥が内在しており、より有効適切な改革案を明らかにする。すなわち、現在までのドイツ・米国の民事訴訟改革に学び、日本型の訴訟改革を実行しない限り現状を改革しえないことを主張する。筆者は、既に一九八八年に、安易な訴訟促進策に対する適正化を訴えるため、米国の訴訟運営を参考に論文「民事訴訟促進と証拠収集」[2]を発表し、実務家としては初めて本格的に①証拠開示（ディスカバリー）の立法的導入、②文書提出命令の拡大、③陳述書の大幅な活用を提言した。[3]その成果としては、一〇年かかったものの陳述書の活用は実現し、一般文書の提出義務化も規定され、平成一二年一月から最高裁によるディスカバリーの導入の検討が始まった。[4]本稿では、新たな視点を加え、ドイツの証明責任論の発展（証明責任の転換等）、米国の証拠法の発展の成果を訴訟運営論に大胆に取り込むことが必要であることを明らかにする。本稿の執筆の直接の動機は、司法研修所の要件事実教育批判であったが、日本の法曹教育がいかに訴訟改善にマイナスとなってきたかを明らかにして、今後のロースクール構想の必要性に論及する。本稿では、改革の指針として以下の点を論じる。

① 従前の訴訟の充実・促進を目的とする訴訟運営論（実務の側）は、ドイツや米国の判例・学説を基に発展してきた証明責任論又は証拠収集方法論（学理の側）と乖離してきたが、この両者の成果を統合させることが重要であり、かつ可能であると考える。

② 訴訟においては、当事者は相手方に対する求釈明、文書提出命令申立等を徹底化する（当事者主義の強化）と共に、裁判官は、これを支援する形で、当事者の実質的平等の確保、事案の解明の目的のために暫定的心証開示（証拠優越準則に基づく事実の認定、証明責任の転換等の告知、法的観点指摘等）をしつつ、釈明権、釈明処分、文書提出命令等を積極的に行使する（職権主義の強化）。

③ 右指針は、主として公害、医療過誤、製造物責任、消費者被害、労災等の訴訟において証拠偏在の解消、弱者保護を目的とする社会政策をとってきたドイツ・米国の歴史を参考にしているのであり、これに学ぶ必要がある。

④ 右指針は、証拠提出責任論を含む弾力的かつ多様な証明責任論を導入し、事案解明の高度化、事実認定の客観化・合理化を図るものである。これに対して、司法研修所の要件事実教育（裁判修習）は、右のような目的を視野に入れず、客観的証明責任とこれの分配のみを目的とする硬直

的かつ狭逸な主張立証責任一体論に終始しており、被害者放置型・五月雨型審理の大きな原因となってきた。

⑤　右指針を実現していくためには、司法研修所教育（実務よりも遅れた教育）では極めて困難であり、将来の法科大学院（ロースクール）構想に基づく教育に期待することを妥当と考える。[5]

⑥　証拠優越準則の採用は、分かりやすい裁判の実現には必須であり、民事訴訟法で明文化すべきである。法曹一元、陪参審の実現の基盤作りともいえる。

三　証拠優越準則の発展の経過

(1)　従来の訴訟運営論の限界

民事訴訟の審理充実・促進が叫ばれて、約一〇年が経過し、新民訴法も始まった。しかし、約二〇年以上前から、学会においては証明責任論に関する激しい議論が巻き起こり、現在まで多くの論稿が発表されているにもかかわらず、実務への影響は明確とはいえない。

(a)　新民訴法下の運営　一九八五年から第二東京弁護士会を中心とする民事訴訟実務改善運動が進められた。裁判所側もこれに応じて積極的な施策を打ち出してきた。しかし、学会における証明責任論の議論の影響はほとんど見られなかった。

新民訴法下の運営も約一〇年の実務改善を土台としたものであり、基本的構造に変化はなかった。しかし、訴訟運営論としてはより理論化されたため、課題は浮彫りにされつつある。

古閑裕二判事補は、「当事者と裁判所の協同的訴訟運営、協同主義又は協働主義では不十分である。争点整理手続において、裁判所は当事者間に合意が形成されるように努力し（提案、説得）、三者合意が成立すれば、弁論準備手続等に付する旨の決定を行うが、合意が成立しない事項について、裁判所が訴訟指揮権による決定を行って訴訟手続を進行させる」、しかし「立証責任を負っていない当事者が行う事案解明活動について、当事者間の合意が成立しないため、三者合意に至らない場合においては、裁判所の訴訟指揮による命令作用の発動が問題となる。被告（医師）側に対して、裁判所が求釈明権（一四九条、旧一二七条）に基づき、前記の最低限の事案解明活動を促すことはできる。しかし、この求釈明には強制力がなく、釈明しないことによる制裁はない。私は、求釈明権によってカバーすることができない場合は、事案解明義務とその履行確保の問題であると考えるが、現在この点に関する答えを持ち合わせておらず、今後の課題としたい(6)」といわれる。まさにこの課題解明が本稿の目的である。すなわち、学会における訴訟手続論の影響が及びつつあるものの、どのように統合されるのかが問題となる。

(b)　実務の大勢　右のように、争点整理、集中審理等に関する先進派があるが、他方、慎重派ともいうべき意見も無視しえない。慎重派によれば、争点整理手続において、文書の取調べ、当事者本人の事実上の聴取により早期に心証形成されること、争点が切り捨てられること、十分な証拠開示のないままの集中審理により適正な事実認定が妨げられることが問題とされる。実際には、第一線の裁判官の間では、集中審理を無批判に導入することに対する批判もある。筆者の経験でも、いわば慎重派が大勢である。最高裁は、裁判官が集中審理の効果を疑う論稿を発表することを規制しているので、慎重派の側からの意見は正面から出されない状況である。(7) 慎重派の立場に立って、これを善解すれば、訴訟運営の適正（真実発見）と促進の両方を満足する途はあるのか、裁判官に何らかの武器を与えないでは不可能ではないかという疑問に答えられていないといえる。

(c)　右のような状況の中で、弁護士の中でも大きな疑問がわきつつある。樺島正法弁護士は、「新法施行後も法廷の日常にはさほどの変化はなく」、「情報・資料を持つ主張・立証責任のない当事者は高見の見物よろしく内心笑っている」と言われ、「少なくとも我々実務家は、〃主張・立証責任の分配〃というのは、口頭弁論が終結したところで、真偽不明（non liquet）の場合、つまり自由心証の尽きるところで作動する法則であるのに、何故法廷での行為（行動）の責任の分配となるかについては余り考えて来なかった」、「法廷における当事者の行為を規律する基本法則は何であるのかを積極的な形で示して頂きたいのである。敵に塩をやるのが一般的な義務であるのか。そうでないとすれば、法廷における当事者の行為を規律する原理・法則は如何なるか。ユーザーである実務家として、明確な説明を学界に期待したいところである」[8]と、司法修習では抜けおちている視点について、多くの弁護士の潜在意識をえぐり出した率直・明解な指摘をされた。

(d)　このような状況の中で、右の問いに対する解答として、本稿のテーマである証明度の軽減をめぐり、高橋教授は「証拠の優越説」について、その根拠・要件等の課題を明らかにできれば従前の理論を統合する壮大で有用な理論となると言われた。[9]また、裁判官の側でも実際には証明度を下げているとの発言があるとの報告もされている。[10]よって、今や証拠優越準則が採用されつつある状況が進行しているのである。司法研修所教育のみが大きく遅れていることとなる。

(2)　客観的証明責任論（要件事実教育）の問題点

(a)　司法研修所の民事裁判に関する教育の中心は、要件事実教育である。例えば、売買代金支払請求訴訟において、原告（売主）は、請求原因として、権利根拠規定に基づき売買契約締結の主張・立証責任を負い、被告（買主）は、権利障害規定に基づき詐欺・錯誤の抗弁、権利阻止規定に基づき同時履行の抗弁、権利滅却規定に基づき弁済の抗弁について主張・立証責任を負う。同時履行の抗弁に対して原告が先履行の合意を再抗弁するときは、これについて立証責任を負う。この主張・立証責任を負うとは、右要件事実の存在が真偽不明のときには敗訴の不利益又は危険を負うことであり、客観的証明責任のことである。主として売買、貸金、不動産明渡訴訟等について、法律要件分類説に従い、主張責任と立証責任を一体のものとして、その分配を学ぶ。(11) 客観的証明責任から、逆に証拠提出責任、主張責任を規定していく。すなわち、訴訟の最終局面で、真偽不明のときの解決策のみを扱うにすぎず、それ故に、ときに判決書き技術教育と批判される。(12) なぜならば、民事裁判にとってより重要なことは、真実解明のための資料（主張、証拠）の提出、手続保障、審理の充実、証拠の評価等であり、証明責任分配による判決は次善の策にすぎない。(13) 民事裁判に関する法曹教育とは、適正・迅速な手続の下に権利救済、被害者保護の目的をいかに遂げられるかを教育することでなければならない。それ故、以下のとおり、実務においても教育の場においても、訴訟手続論、証明度軽減、証明責任分配の再構築を必要とする。

(b)　本稿の結論としては、必ずしも主張責任のレベルにおいては法律要件分類説を否定するものではない。但し、当事者は自己に有利なすべての事実主張をすべしという簡潔な原則のみで十分である。一般的には、原告は権利根拠事実を、被告は権利妨害事実、権利阻止事実、権利滅却事実を主張することになるのは当然である。これに対して、立証責任（証拠提出責任）は主張責任の所在と常に一致する必要はない。主張責任と立証責任は分離させるべきである。(14) 立証責任は、証拠を保持している者、又は証拠との距離の近い者に課せられる（主観的証明責任、証拠提出責任）。真偽不明のときは利益衡量説をもって立証責任の負担が課せられる（客観的立証責任）との立場もありうるが、むしろ証拠優越準則を採用することにより客観的証明責任の働く余地を消滅させ、証拠優越の判断のみで決定されるべきである。微妙な事案では、証拠提出責任の負担を同時に考察しつつ決めていくことができる。また、証拠がほとんど出されることにより、真偽不明の事態を回避できる。そして、右結論は、現在の実務の中では理論化されていないものの、良心的な裁判官による訴訟と乖離するものではない。

(c)　すなわち、不法行為の訴訟で事案解明に熱心な一部の裁判官の場合には、必ずしも主張・立証責任を負担する者に過大な証明度をかけ続けるわけではない。当事者代理人の要求に応じて、事実上、挙証責任を転換するのと同様の訴訟運営をする。しかし、司法研修所において、不法行為の教育に全くといっていいほど、触れてこなかったのは、挙証責任の転換を是認できなかった国家的政策（加害者保護政策）と共に、原告（被害者）に過大な立証責任を課して（加害者に無責の推定）おきながら、突然、被告（加害者）に過大な立証責任を課していく（加害者に有責の推定）ことの合理的説明をなしえなかったからである。なぜなら、欧米でも日本の学会でも、不法行為をめぐる理論が発展していったにもかかわらずこれらを取り込みえず、法曹教育にはほとんど反映しなかったからである。すなわち、要件事実教育は、実務教育の主戦場というべき不法行為を対象としないままに、売買、貸金、不動産明渡等の類型において公平・信義則を取り入れ、あたかも優れた理論モデルであるかのごとく装ってきたのである。この理論モデルによって、不法行為の証明責任にも問題はないものと漠然と考えさせる効果をもたせるといえる。しかし、司法研修所の要件事実教育は、不法行為についての解答としては、白紙答案のゼロ点であるばかりか、その他の分野についても、本稿のような説明なしには、裁判実務にも遅れたものと言わなければならない。

(d) たとえば、「履行不能における債務者の帰責事由」について、債権者が帰責事由の存在を証明するのか、債務者が帰責事由の不存在を証明するのか、問題とされた。仮に、履行不能の原因が債務者の過誤、債権者の妨害的工作行為等の間接事実により決まるときに、当事者は自己に有利な主張をし、手持証拠の提出、相手方証拠の引出しをし、これを総合して、証拠優越準則で決めればよい。いかなる証拠がどこにあるのかは事案によって異なるので、訴訟中から、証拠の存在、蓋然性、公平の観点から、証拠提出責任を明らかにしていけばよい。分かりやすい例としては、悪徳商法の債権者が債務者へ履行請求したときに、債務者は、詐欺、錯誤、説明義務違反を主張する。しかし、これを立証する証拠は、債権者側にも存在する。仮に、債権者が債務者に見せたが交付しなかったパンフレット、説明文書等の存在が推定（蓋然性）されるならば、債権者が証拠提出責任を負う。

(e) さらに、具体例として、原告（債権者）が準消費貸借契約を請求原因とするときに、旧債務の成立・存続につき債権者又は債務者のいずれが証明責任を負うかが議論されたが、[15] 一律に決まるものではなく、証拠提出責任を基準に考察する必要がある。すなわち、訴訟の動態の中では、被告（債務者）が、旧債務の不存在、又は旧債務を前提にその弁済の事実等を主張する（主張責任）。被告は、旧契約証書（修了、決済済とスタンプされたもの）、領収書（振込証書）等を提出する（立証責任）。しかし、債務者が多くの書類の返還・交付を受けなかったときは、全部弁済は立証できないが、一部支払を立証しながら、全部支払の事実を主張し、相手方に証拠を提出するよう請求する（主張責任）。これに対して原告は、旧債務の存在、弁済の不存在を主張する（主張責任）。債務者の一部支払という表見証明により全部支払の事実の証拠が債権者側にあると推定（蓋然性）されるときには、たとえば、旧債務証書、顧客台帳、帳簿等の提出義務（立証責任）を負う。不提出のときには、証拠優越準則により原告敗訴となる。

要するに、どのような証拠がどちらに存在するかが最も重要であり、自己に有利な証拠を自分で提出できるときは、主張・立証責任は一致し、相手方が保持するときは、主張・立証責任は一致しないこととなる。

(3)　証明度軽減

(a)　弁護士及び司法修習生に対して、刑事裁判の証明度はどの程度かと問うと、すべて、「合理的な疑いを越える程度の確信」[15]と答えるが、民事訴訟の証明度について問うと、一様にとまどいの表情を見せ、ほとんど答えられないし、「確信」とか「証拠の優越」とか答えても、その差異と理由、証明の程度については説明し得ない。パーセンテージを問うと、九〇％から六〇％までまちまちである。民事裁判の事実認定にとって最も重要な証明度であるが、司法研修所で教育されないため、このような状況が生み出されている。「証拠の優越」と答える者は、潜在的には米国のシンプソン事件の影響（刑事で無罪、民事で原告勝訴）があるのではないかと推測される。中には司法研修所の刑事裁判教官から、刑事と比較して民事は「証拠の優越」だと教えられ、日米の差も分からず、漠然と低い証明度と考えていた者もいた。また、ルンバールショック事件の最高裁判決自体が、「高度の蓋然性」という言葉を使用しながら、「主観的確信」を維持するのか、確信より証明度を下げているのか、どこまで下げているのか明確ではない面があることにも、混乱の原因がある。[16] しかし、裁判官は、一般には最高裁判例や教科書の記載について、「確信」、「高度の証明度」、「高度の蓋然性」、「通常人が疑いを差し挟まない程度に真実性の確信をもち得るもの」と解釈していると言われている。[17] 刑事の確信よりは若干低い証明度（八〇～七〇％）といわれているので、本稿では、これを以下「民事確信説」という。それ故、一部の弁護士が「証拠の優越」というのは、本人の願望にすぎず、現状についてのやや甘い認識ともいえるが、今や司法が強い批判にさらされる中で、分かりやすい証拠優越準則に向かいつつある。

三　証拠優越準則の発展の経過

(b)　米国の刑事裁判では、裁判官は陪審員に対して冒頭で、「被告人には無罪の推定があるので、合理的疑いを越えた確信（beyond a reasonable doubt）によって評決してください」、民事裁判では、「刑事事件では、合理的疑いを越えた確信によるが、これと異なり民事裁判では、証拠の優越（preponderance of evidence）によってください」と明確に告知する。米国において、筆者も含めて日弁連の米国陪審調査視察団がこれを現認して、日本とは逆であると大きな感動に包まれた。日本では現実に、検察官の立証には証明度を下げ、民事被害者の立証には証明度を上げているからである。米国では、証明度のレベルが極めて分かりやすく明確であり、かつ、刑事陪審は全員一致、民事陪審は八割以上の一致によるので、その事実認定は適正なものと納得できるものとなる。日本においても、民事の証明度は、「証拠の優越」、「単なる蓋然性」、「五〇％を越える程度」といわれるレベルにすることが正当といえる。

刑事裁判において、「確信」、「高度の証明度」、「九〇％〜一〇〇％の程度」を要求するのは、無実の者を有罪にしないために、真の犯人を処罰できなくてもやむを得ないという政策に立っている。証明度を低くすると、無実の者を有罪とする誤判の確率が高くなる。真実発見のために国家の強制捜査権が行使できること、その制裁が被告人の身体の拘束になること、無実のとき被告人は事件と全く無関係であることが多いこと、が正当化の根拠といえる。

これに対して民事では、右のような政策判断を必要としない。すなわち、証明度を上げすぎると、多くの真の加害者を逃がし、被害者救済に失敗し、証明度を下げすぎると、加害者でない被告を敗北させることになるので、その中間をとることが合理的ということになる。(18) また、民事では、原告に強制捜査権がないという点では当事者対等であること、財産的制裁にすぎないこと、被害発生に無関係ということはほとんどなく事実的因果関係はあること、がその根拠となっている。(19)

米国では、強力な証拠開示制度（ディスカバリー）が発展してきたので、当事者対等であると仮定すると、証拠の優越とは「五〇％を越えるレベル」（以下「五一％のレベル」という）を意味することとなる。これに対して日本では、証拠開示制度がないため、五一％のレベルを原則としつつ、被害者救済のためにはさらに証明度を下げることも場合によって正当化されると考える。

(4) 主観的証明責任（証拠提出責任）

(a) 証明度を軽減した場合の「証拠の優越」、「五一％のレベル」とは、原告と被告の各々に有利な証拠を比較したときの相対的評価であると解釈することを妥当と考える。確信というような絶対的評価ではない。民事訴訟においては、開始から結審に至るまでこの相対的証明度が審理の最も重要な基準、ツールとなる。この証明度を基準にして、次のように貸金請求訴訟において主観的証明責任（証拠提出責任）が原告と被告の間を移動する。以下、間接事実についてまで主張責任と立証責任の一致する例をあげ、「証拠の優越」のある状態を「原告優勢」、「被告優勢」と記述する。

① 原告　訴訟開始のときには、権利根拠事実を主張する原告が証拠提出責任を負う。すなわち、原告が貸金請求についてまず主張・立証を行い、金銭消費貸借書を提出する。（原告優勢）

(2) 被告　被告が否認（理由付）をし、被告の印影は盗用されたものと主張し、被告は外国出張中であった事実（パスポートの記載）を提出する（反証説、本証説あり）。（被告優勢）

三　証拠優越準則の発展の経過

③　原告　外国出張中を認め、盗用されたのではなくて、被告が親族に指示して押印したという委任状を提出した。（原告優勢）

④　被告　委任状の筆跡は親族のもので被告の筆跡ではないと、被告の筆跡のサンプルを提出した。（被告優勢）

以上については、当事者が所持する証拠について証拠提出責任が課せられ、この責任を果たさないときには、相手方の証拠の優越をくつがえせないこととする。

(b)　客観的証明責任の下で、確信という高度の証明度を要求すると、証明責任を負わない当事者の方に証拠が偏在する場合、その者は何らの立証活動をしないこととなり、証拠が提出されず、証明責任を負う者が高度の証明を達成できない。逆に、証明責任を負わない当事者が自己に有利な資料のみを提出すれば、心証は五分五分となってしまい、原告の証明は容易に崩されてしまう。どちらにしても、証明責任を負わされる者には過重な負担となる。

いわゆる証拠偏在型の事件といわれてきた公害、製造物責任、医療過誤等ばかりでなく、消費者事件から商事事件、相続事件に至るまで、多かれ少なかれ証拠は偏在する。自己に有利な証拠が相手方や第三者にあることは非常に多い。このような事件において、証明責任を負わないとされる当事者に証拠提出責任を課する必要が出てくる。

例えば、筆者の担当した事件の依頼者たる原告は、北欧の有名メーカー（被告）から高額な新製品の機械を購入し、組立後使用開始したら、数日後に動かなくなってしまった。原告は機械の瑕疵を主張・立証したが、被告は使用方法の誤りを主張・立証した。原告は、その機械（二号機）より先に作られた一号機がイギリスで故障したとの情報を得たが、詳細をつきとめられなかった。原告は被告に対して、情報入手の信憑性を開示した上で、右一号機の販売先、運行状況、故障の有無等を毎期日に求釈明し続けた。被告は二年にわたり回答しなかった。裁判所も強い措置をとらなかった。

この場合には、裁判官は「瑕疵」について確信を持てない状況であった。仮に機械の爆発事故などの人身被害請求（不法行為、債務不履行）であれば、賠償が高額となり、さらに慎重となる。解決策として、次の三つの立場がありうるが、②の立場を中心に構成すべきである。

① 弁論の全趣旨に基づく自由心証の問題として取り込む。しかし、判決時に機能するものであり、訴訟中の行為規範たりえない。

② 原告の立証は現時点では証拠上優勢であるとして、被告に証拠提出責任を移転し、被告がその責任を果たさない限り、原告の事実主張が認められ、被告は敗訴する。

③ 証明妨害のサンクションとし、機械の瑕疵があったとの認定をする。しかし、訴訟中に証明妨害の要件を確定することには煩に耐えず、訴訟中の行為規範としては必ずしも有効ではなく、また効果発生の根拠が明確ではない。

よって、②のプロセスは、審理の充実、手続保障に欠かせないといえる。①及び③は、補充的に②

の中に吸収されて生かされるべきである。

(c)　客観的立証責任と主観的立証責任（証拠提出責任）は、ドイツ、米国でも、一九世紀終りまでは分離せず、主観的立証責任の名の下に、当事者の主張・証拠を提出する法的必要性、当事者の行為責任をあらわす意味に使用されていた。しかしその後、ドイツ、米国でも、この二概念が併有するものと認められるようになった。これに対して日本では、古い主観的立証責任の時代から、大正年間に客観的立証責任の導入を行うや、後者のみの一面的理解が学説・判例の主流となり[20]、現在の司法研修所の教育へと連なっている。

学説においては、客観的立証責任と主観的立証責任の併存を主張するもの、又は、後者を強調し、具体的証拠提出責任を主張するものも現れている[21]。しかるに、客観的立証責任と高度の証明度（確信）を組み合わせると、主観的立証責任は、客観的立証責任の機能の中に埋没してしまい、法的意味の当事者の責任・義務とまではいえず、当事者の証拠提出の自由（権利）というにすぎない。特に、証明責任を負わない当事者は、何らの証拠を出さない権利までを有する。それ故、主観的立証責任の独自性を強調することは、反証提出責任や証拠優越準則等への道を開くことにならざるを得ない。

(5)　間接反証

ローゼンベルクの主張に始まる間接反証とは、原告が主要事実を推認させるに十分な間接事実（左記ⓐⓑ）を証明した後に、被告が別の間接事実（左記ⓒ）を証明（本証、確定責任）することにより、主要事実を真偽不明に追いこむ証明活動をいう。

例として新潟水俣病判決をあげると、この判例は、「因果関係を、ⓐ被害疾患の特性とその原因物質、ⓑ原因物質が被害者に到達する経路、ⓒ加害企業における原因物質の排出、の三つに分解し、ⓐⓑについて状況証拠等から矛盾ない説明ができれば法的因果関係については証明があったとすべきであり、この程度のⓐⓑの立証がなされて、汚染源の追及がいわば企業の門前にまで到達した場合、ⓒについては、企業側で自己の工場が汚染源になり得ない所以を説明しない限り、その存在が事実上推認され、その結果すべての法的因果関係が立証されたと見るべきだ」としたのである[22]。

① 竹下教授は、「間接反証の理論は、挙証責任の分配についての通説（法律要件分類説）を維持しながら、証明困難な主要事実につき、その存否の認定に役立つ間接事実の確定責任を両当事者に分配し立証の負担の公平を計ることを理論上可能ならしめる[23]」と評価された。

② ⓐⓑⓒ自体を主要事実ととらえ、ⓒを抗弁と位置づけ、証明責任の分配法則の一部修正、挙証責任の転換と構成する考え方もある。

③ 高橋教授は、間接反証の概念は一般には不要と考え、「要するに、経験則が強く、元々の間接事実から主要事実への推認が強い場合には、それに応じて、間接反証事実の証明も（そこで使われる経験則も）強いものでなければならず、本証に近付くであろう。しかし、元々の間接事実か

ら主要事実への推認が弱い場合には、確信にまで至らない弱い程度の間接反証事実の証明で十分のことがありうる」[24]と、間接事実の推認力の強度の問題とした。

④　太田教授は、間接反証とは、証明度軽減に基づく挙証責任の転換に他ならないと主張され[25]、小林教授は、「根本的な疑問としては、間接反証は、実体法上の政策的考慮や証明困難などの理由から要証事実とされる主要事実の証明度を下げているのではないか、それ以上に相手方に証明責任を負わせる必要がある場合でもそれは客観的証明責任ではなく、前述のように行為責任としての証拠提出責任ではないか」[26]と、証明度軽減の問題とした。

以上については、まず、後述するように主要事実と間接事実の区別を廃止した上で、ⓐⓑⓒの各事実の在否、そこから推測される因果関係事実の存否について、すべて証拠の優越を基準に判断することが妥当である。

すなわち、ⓐⓑについて、証拠提出責任が原・被告を移動しながら、十分立証をつくした後に原告優勢（五一%）となった段階で、ⓒについては推認が働き、原告優勢であることを告知する。被告は、ⓒにつき証拠提出責任を負い、立証しなければ敗訴する。仮に、全く原因物質を排出していなかったこと、又は隣の工場からの排出を立証すれば、被告がⓒばかりか因果関係そのものについて優勢となり、今度は原告が、例えば隣の工場とは被告のグループ会社であったとして優勢にもちこむ。

この場合に、何が主要事実か間接事実か、主要事実の証明は確定責任であるのに、間接事実からの主要事実への推認力はどの程度かを個別に判断することは煩に耐えないので、証明対象事実、推認力について証拠優越準則の適用が有効である。

(6) 表見証明又は一応の推定

特に過失、因果関係の認定において、定型的事象経過と呼ばれる高度の蓋然性ある経験則が働く場合、細かい認定を飛び越して、いきなりある事実が認定されてよいことを、ドイツの判例・学説は「表見証明」と言い、日本では「一応の推定」と言われている。

ⓐ認定に用いられる経験則が高度の蓋然性を有する場合（停泊中の船舶へのほかの船舶の衝突事故）と、ⓑ必ずしも高度の蓋然性が認められない場合（梅毒輸血事件）があるが、日本では、ⓐは当然のこととして、ⓑについての効用が説かれている。[27] 法的性質については、ⓑについて次の通り検討する。

① 事実上の推定の一場合とする説[28] 中野教授は、間接反証をも含めて、事実上の推定と位置付ける。しかし、証拠又は間接事実から定型的には強い推定が働かないにもかかわらず、これを認める難点がある。

② 証明責任分担説（証明責任転換説） 末川博士は、既に昭和二年に、挙証責任の分配の原則を正義・衡平に合わせるため、「裁判所が自由心証によってある事実を事実と認めるについての蓋然性の程度は決定されていないのだから、裁判所が『一応の推定』により判断する場合には一方

当事者の挙証責任は果されたといってよく、反対のより大きい蓋然性が存在することを示す事実の挙証は相手方によってなされるほかなく、その程度において挙証責任の一部の転嫁がある」とされた[29]。

③　証明度軽減説　中島弘道博士は、民事訴訟における通常の事実認定の例外として弱い心証による事実判断が許される主たる理由は、「相手に蓋然的心証を覆すに足る反証がないと推定され、その判断は反対の判断より真実に合致する公算が高い」とされた[30]。太田教授は、証明度軽減と反証提出義務の問題ととらえた[31]。

証拠優越説をとると、これらを統一的に構成できる。すなわち、原告の立証により、「単なる蓋然性」、「証拠優越」をもってしても事実上の推定が働き、相対的には証明度は五一％に達し、証明責任（証拠提出責任）は被告に転換する。被告は手持ち証拠の開示が強制され、従わないときには敗訴する。

⑺　証明と疎明

証拠優越準則をとると証明と疎明の差についての説明はどのようになるか。なぜならば、証明とは、「確信に至る程度の心証」（高度の蓋然性）であり、疎明とは、確信に至らなくても、「一応確からしいとの状態」、「相当程度の蓋然性」が認められればよいとされてきたからである[32]。証拠優越説をとると、証明度については証明と疎明の間に差異がなくなる。証明と疎明の差は、証明度にあるのではなく、立証の方法又は種類にある。「疎明」には「即時に取り調べることができる証拠によってしなければならない」という民訴一八八条の制約があるが、証明にはそのような制約がないことが異なるのである。[33] 実務でも、証明と疎明の証明度はそれほど異ならない。筆者は、現に、土木工事妨害差止仮処分で一年半にわたり住民に公開された審尋（毎回一～二時間）を行ってきたが、本案以上に充実した審理（関係者の発言はほとんど自由）であり、証明と同じレベルである。審尋なしの保全処分でも、疎明と言っても決して低度の証明度ではない。結局、証明と疎明の証明度は接近してしまったのであり、妥当かつ正当といえる。教科書的説明はもはや実務より遅れてしまっている。

(8) 証明度軽減の理論史

(a) 日本における民事証明度の過去の考え方は左記のとおりである。[34]

教授名	民事(%)	刑事(%)
①田中和夫	80	90
②田村豊	70～89	
③石井良三	80	
④倉田卓次	70～80	

（「証拠の優越」の原則を認め、蓋然的心証で足りるとする）[35]

⑤石田穣　60

（相当程度の蓋然性＝いわゆる証拠の優越といわれるものに近いとする）[36]

⑥加藤一郎　50

（証拠の優越の意味とされる）

⑦中村雅麿　80～90

⑧村上博巳

㋑　最高度の真実蓋然性（合理的疑のない程度の証明）　90～99

㋺　高度の真実蓋然性　80～90

（明白で説得力のある証明）

（証拠の優越による証明）

㋩　軽度の真実蓋然性（半証明）（疎明）　70～80　55～70

（ここにいう高度の真実蓋然性は、ドイツ法上にいうそれと一致させたものでなく、しいていえば、英米証拠法の見解を導入し、これを私見により修正したものにほかならない、とされる(37)。

この時期の学説の特徴は、刑事の証明度より民事の証明度を下げるべきであるとの結論があるにもかかわらず、その理由が明確でないため、五〇%という徹底した数字を出せない状況であった。また、英米法の影響を受けているという④⑤又は⑧についても、正確な理解といえるのかが問題である。

この中では唯一加藤教授が、英米法の結論を正確に導入している。前記末川博博士の「一応の推定」にも明らかに英米法の強い影響があった。このような貴重な少数意見を発展させることができなかった日本の状況に大きな問題があった。

三　証拠優越準則の発展の経過

以上の経過を経て、漸く太田勝造教授が、金字塔といわれる論文「裁判における証明論の基礎」を発表し、次のように、ドイツの「蓋然性の優越」及び米国の「証拠優越準則」の正当性を論じた(38)。

ドイツでは、スカンディナビア法、アメリカ法の影響を受け、一九六〇年代から証明度を軽減し、低い証明度を原則とする説が強くなっていった。ケーゲル（一九六七年）、マーセン（一九七五年）、ムジラーク（一九七七年）、モォッチェ（一九七八年）等である。

その結果、次のような考え方が示されてきた。

①　原則：蓋然性の優越、例外：高い証明度（マーセンのバークレイ留学による米国法の導入）

②　原則：高い証明度、例外：蓋然性の優越（ヴァルター）

③　証明度の決定を個別事案での裁判官のカズイスティックにまかせる（ゴットヴァルト）。

④　多段階の原則的証明度の類型化による構成を目指す（ベンダー判事一九八一）[39]。

米国では、証明度は五〇％を越えるもので十分とすることが、陪審で取り入れられ、学者の批判もあったといわれるが、一九六八年、カプランにより正当化された[40]。

(b)　以上の諸外国の動向を受け、太田論文以降の日本においても、証拠優越準則を採用するか否かに迫られることとなった。

①　春日教授は、太田論文を高く評価した上で、「当事者間の事実解明力の格差、危険の社会的再配分の可能性、紛争の予防目的、結果責任、証拠提出への協力義務等々の実体法上及び訴訟法上の様々なファクターがあり、裁判官はこれらを比較考量し、総合的に判断して証明度を決すべきことになろう」と、裁判官の自由心証による証明度軽減を肯定された[41]。

②　加藤判事は、「民事訴訟に要請される実体的真実発見の観点、裁判の客観的妥当性および法的安全性の観点からは、証明度として要求される事実の蓋然性の程度は基本的に高度なものであることを要する。同様に、原則的証明度を要求することが相当である。しかし、証拠の偏在が著しく、かつ現代の科学水準では証明困難な争点を抱える現代型訴訟などについては、実体的正義および手続的正義の観点から、例外的に、必要性、相当性、補充性を基礎として原則的証明度を軽減することが許容される。また、証明度軽減を許容するための要件は、Ⅰ事実の証明が事柄の性

質上困難であること、II事実の証明が困難である結果実体法の規範目的・趣旨に照らして著しい不正義が生じること、III原則的証明度と等価値の立証が可能となる代替手法も想定されていないこと、である。そして、証明度軽減の許容の下限は、原則として、証拠の優越レベルである。例外的に、証拠の優越にも達しない場合にも、要件I、IIの顕著性を条件として証明度軽減が認められる」と、証明度軽減の要件を提示された。(42)

③　松本教授は、武器対等の原則と証明度の関連を論じ、「原則的証明度としては高度の蓋然性が要求されるべきであるが、一定の場合には、法律の規定を越えて優越的蓋然性への証明度の引下げが許されるのではないかが問題となる。証明度に対する行きすぎた過大な要求は、公正な手続の要請や当事者の武器対等の原則からみて、はなはだ疑問である。この観点からみると、当事者の武器対等を確保し、実体法規の規範目的を確保するには証明度の引き下げが必要で、正当な場合には、例外的証明度として優越的蓋然性で足りると解するべきである。このような領域として、たとえば、公害・環境訴訟や医療過誤訴訟がある」と、重要事件への証拠優越準則の適用を認める。(43)

④　小林教授は、民事訴訟では原則として「合理的な疑いを容れない証明」より低い高度な蓋然性、すなわち「明白かつ説得的な証明」が要求されるが、例外的に一応の推定などにより証明度の軽減が図られる一定の事件類型については「証拠の優越」で足りると説明するのも、事実認定の証

明度に対する裁判官の心構えを示すものとしては有益ではないだろうか、と段階的な考え方をとられる。(44)

証拠法に関する権威とされる方々が、既に証拠優越準則自体を一定の事件類型、現代型訴訟、重要な訴訟、複雑な訴訟に適用すべしとされる点に注目したい。そうであるならば、民事事件すべてに適用されてしかるべきであり、実務上も適用できない理由はない。訴訟の動態の中でこのような考え方を適用するならば、原則としての「証拠優越準則」を採用するに等しい結果となる。すなわち、訴訟開始後、事実の証明は少しずつ進んでいく。証拠優越準則をとるならば、当事者は常に相手より少しでも多くの証拠を出そうと競争する。五〇％を越えた時点でも、自分に有利な証拠を出さない当事者はいない。容易に証拠を提出できる事件ではさらに証明度（点）は高まる。しかし、仮に、自己に不利益な証拠の提出を拒んだり、隠蔽したり、破棄したりしたときには、証明度（点）は停止してしまう。つまり、時間的概念を入れて考えると、まず第一に「証明優越準則」を採用し、双方の自主的証拠提出を促進させるべきであり、第二に、証拠提出が停止され、証明が行き詰まったときに、その状況をいかに打開すべきかを検討すべきである。そのとき、当事者の求釈明への消極的対応、証明妨害、事案解明義務違反等の状況が発生したならば、求釈明者が相手方より「証拠優越」の状態として一定の判断や判決をなし得ることとすべきである。しかし、この訴訟の動態のプロセスをさらに解明するには、「証拠優越準則」とは後述するように証拠の相対評価であり、証明度の絶対評価でないこと、客観的証明責任と利益衡量説との関係を含めて検討しなければならない。

四　証拠優越準則に基づく訴訟運営論

(1)　米国証拠法の基本原則

(a)　マコーミック等(45)

刑事の誤判は、被告人の生命、自由、名声等を著しく侵害するので、民事の誤判よりはるかに深刻であり、絶対に避けなければならず、事実の有無を確定的に認定する必要がある。

これに対して、民事訴訟とは、当事者主義に基づき、事実の存在の可能性（probabilities）を調査することである。努力しても過誤は予想されねばならない。原告に対する誤判と被告に対する誤判とを比較して、平等・公平な結果となるように相対的に決すればよいのである。

刑事の“reasonable doubt”とは、陪審員の精神状態（the state of jury's mind）を指す。これに対して民事には、①「証拠の優越」（preponderance of evidence）及び②「明白かつ説得的証明」（clear and convincing proof）の二種類があり、②が①より高い証明度を意味してきた。①及び②はいずれも、精神状態ではなく、証拠そのものに関連している。だからといって、証拠の量、証人の人数だけを指すのではなく、証拠の評価によるものとされている。米国の歴史においても、各法廷において様々な解釈、混乱が生じてきたといわれている。しかし現在では、①については、「ある事実が不存在であることに比較して、より存在する可能性がある（more probable）こと」、②については、「事実の存在に高い可能性（highly probable）があること」とされている。[46]

②が適用される事項は次のとおりである。

ⓐ　個人的権利の剥奪（精神病院への入院、親権・市民権の剥奪、国外追放等）
ⓑ　詐欺、不当威迫
ⓒ　口頭の遺言、紛失した遺言に効力を付与する訴訟
ⓓ　口頭契約の特定履行
ⓔ　詐欺などを理由に書面や公的行為を変更・無効とすること
ⓕ　懲罰賠償――州により①又は②[47]

以上の説明によれば、米国では、②は極く例外であり、①が原則として適用されることは確立した判例法となっている。①については、more probableという表現のとおり、双方の証拠価値を比べての相対評価であると考えられる。

(b)　カプラン[48]

Dg：guiltyな人の受ける不利益・苦痛

Di：innocent な人の受ける不利益・苦痛

$$Dg \times P > Di \times (1 - P)$$

$$P > \frac{1}{1 + \frac{Dg}{Di}}$$

民事　$$P > \frac{1}{1 + \frac{1}{1}} = 0.5$$

刑事　$$P > \frac{1}{1 + \frac{1}{9}} = \frac{1}{1.11} = 0.9$$

(c)　米国の主張・立証責任

小林秀之教授が、米国の主張・立証責任を詳細に紹介された(49)。主張責任は、プリーディング（請求、答弁）であり、簡素化・弾力化されたノーティスの機能を持つ。トライアル準備機能は、ディスカバリーによる。これに対して、証明責任（burden of proof）は、①証拠提出責任（burden of producing evidence)、②説得責任 (burden of persuasion) に分かれる。①は、トライアルにおいて証拠を提出しなければならない当事者の行為責任であり、トライアルの過程で当事者間を移動する。挙証者が陪審に付するために十分な一応の証拠 (prima facie evidence) を提出すれば、相手方の指図評決の申立ては認められない。挙証者が更に立証すると、相手方に提出責任が移動し、相手方がその責任を果たさないと挙証者の指図評決が認められる。しかし、相手方が証拠提出責任を果たすと陪審の審理・評決に付される。

②は、わが国の客観的証明責任とほぼ同じである。これに関する現在のアメリカの通説は、一般的な証明責任分配の基準はなく、いくつかの要素を統合的に考慮して個別的に決定せざるを得ないと考えているが、考慮すべき要素としてあげられているものとして次のようなものがある。ⓐ政策 (policy)ⓑ公平 (fairness)、ⓒ証拠の所持 (possesion of proof) あるいは証拠との距離、ⓓ蓋然性 (probability)、ⓔ経験則 (ordinary human experience)、ⓕ便宜 (convinience)、ⓖ現状に変更を求める当事者が証明責任を負うことが自然であること、などである。

但し、米国では上記①②は原則として一致するものとされており、②ⓐ〜ⓖについては①の説明にも用いられている。[50] 私見によれば、②の機能は証拠優越準則の確立と共に低下し、五分五分のときにしか働かなくなってきたといえるので、①が重要な判断要素ではないかと考える。

なお、米国では、「証拠との距離」については、ディスカバリーの発展と共に重要性が減少したという。[51] しかし、日本では、最も重要な基準とならざるを得ない。以下では、右米国法を参考に日本の訴訟運用の実務と学説を検討する。

(2) 反証提出責任（反証不提出の法則）

山木戸教授は、証拠優越準則は裁判の客観的妥当性を確保し得ない危険性がより大きくなるので、これに従うことには躊躇せざるを得ないとするが、「裁判所が他の証拠原因に基づいてある事実の存否につきある程度の心証に達することができ、しかも反証の必要を負う相手方が 適切に反証の提出——間接反証事実の主張・証明を含む——をしなければ、裁判所はこの事態をも合わせて斟酌することによって、その事実につき証明があったとすることができる」と、事実証明について「ある程度の心証」でよいとしている。

この反証提出責任は、間接反証ないし表見証明の基礎をなす主観的挙証責任の発現（行為義務であることは認める）であるが、結果責任としての行為責任という側面に着目し、事実上の推定として証明度を格上げ（確信）してよいというのである。[52] しかし、筆者の証拠優越準則によれば、「ある程度の心証」とは証拠優越の状態となることであり、ここで相手に証拠提出責任（行為義務）が移動するので、そこで相手が責任を果たさなければ、明らかに証拠優越が確定するということになり、極めて分かりやすいといえる。

(3)　行為責任としての証明（手続保障の第三の波）

井上治典教授らの「手続保障の第三の波」説[53]について、小林教授は、「民事訴訟全体に及ぶまったく新しい訴訟理論体系を提示しており、その論者が既存の訴訟理論との対決や実務の反応に求めているのに、このように、実務家からの反応や正面切った全面的な批判がまだあまりないのは、一つには、この『第三の波』説が、これまでの訴訟理論と比較してかなり特異かつ難解であり、法哲学に根ざす独特の訴訟哲学に基づいていることがあるだろう」、「学説と実務の距離が典型的に現れている」と評された[54]。

確かに、本稿で論じている証明度についての論及が全くないことに大きな疑問をもつ。しかし、その説の核となっている「行為責任としての証明責任」論に証拠優越準則を導入すると筆者の見解とも近くなり、極めて分かりやすくなる。

佐上教授は、法律要件分類説（通説）と利益衡量説（石田助教授ら）の間で争われていた「権利妨害規定の意義」をめぐる対立を挙げた[55]。例えば、次の二つの法規定があるとする。

A「動産を一〇年間自主占有した者はその所有権を取得する。但し悪意の時はこの限りでない。」

B「動産を一〇年間善意で自主占有した者はその所有権を取得する。」

この場合、利益衡量説によれば、AとBの両規定は実体法的に同一であるとされ、権利根拠規定と権利妨害規定を区別することはできないと、通説の分類は批判されることとなる。しかし、佐上教授は、通説も利益衡量説も、判決時における真偽不明の危険を分配するものにすぎず、結果的証明責任として両説に何らの差もないと主張される。むしろ、自由心証の形成過程そのものを明確化することが立証責任論の重要な任務でなければならず、そのために、裁判官に明確な判断基準を提供し、訴訟外・訴訟過程における当事者の行為規範を具体化することが必要となる。それ故、客観的証明責任は不要であると主張し、当事者が全力をあげて証拠提出等の行為責任を果たしてなお存否不明だというときはノンリケット判決とするとされる。

証拠優越準則によれば、証拠提出等の具体的行動を尽くすか否かは、相対的証拠優越をめぐって当事者・裁判官に明確な指針を与え、ほとんど自働的に果たされることも可能となる。そして、右のノンリケット判決とは、証拠優越準則をとった場合にいわば五分五分となったときであり、理論上も現実にもほとんどあり得ないことを指すと考えると、「第三の波」の趣旨に一致してくる。

このように、証拠優越準則を導入すれば、「第三の波」の主張される行為責任も一挙に具体化が可能となるといえる。

(4)　利益衡量説

(a)　法律要件分類説に対して石田助教授が昭和四八年に提唱し、新堂・浜上・小林教授らが賛同したいわゆる「利益衡量説(56)」についても、実定法規の要件事実の分類に限定することなく、主要事実・間接事実の立証責任を中心に評価すると、その歴史的意義が生かされる。

石田助教授に対して倉田博士が批判された。倉田博士は、「この場合にはこっちが証拠に近いとか、あの場合には証拠への距離が同じだとかいった明解な割り切り方に、果たして実務上そううまくゆくものか、という疑念を抱く者は筆者ばかりではあるまい。氏の提示される結論は、審理後判決起案の際の判断としては必ずしも異論はない（ただ、実務はそれを、敢えて氏の新基準をまたず、自由心証の運用で実現するのであろう）。問題は、そういう利益衡量の考察を、訴状記載の都度弁護士に、また証拠決定の都度裁判官に、要求することが得策かどうか、そして、その考察の結論が訴訟関係人全員一致する保障があるかどうか、ということなのだ。ここで、実務の経験から言えることは、ケース・バイ・ケースの利益衡量こそ正に訴訟の結論であり、それが訴訟関係人間で一致しないからこそ裁判官が苦労するのだ、という一事である。しかし一方、要件事実の証明責任分配は、訴訟開始前にできるだけ詳しく、正しく予測できなければならない」と言われ、また、不法行為の分野における通説の物足りなさを認め、挙証責任の転換、一応の推定、間接反証の理論で賄うという極めて柔軟な思考をされている(57)。従前喧伝されてきた程は利益衡量説との間に大きな隔絶はないといえる。

すなわち、証拠優越準則を採用すると、訴訟開始のときは条文上の要件について法律要件分類説を一応の基準として始まるが、具体的事実に関する訴訟中の立証責任に関しては、証拠との距離、立証の難易、攻撃・防御の便宜、公平、蓋然性等を基準に証拠提出責任が移転し、当事者の討論を通じて裁判所が証拠の優越を基準に心証を開示しつつ交通整理をしていくのである。倉田博士のいう自室における判決起案時の利益衡量を前倒しして、訴訟進行中の当事者の行為規範、裁判官の判断規範として取り込むということである。

(b)　石田助教授は、ドイツ留学後の論文では、証拠優越準則を導入し、訴訟進行過程論を再構成された。[58]しかるに、太田論文の発表前であり、証拠の優越の根拠づけが十分でなかったためか、多数説にはならなかった。

しかし現在では、証拠優越準則が採用されつつある状況の中で、利益衡量説は復活する。つまり、訴訟開始時から主張責任のレベルでは法律要件分類説が一応機能する（当事者は自己に有利な条文の要件を主張する）が、その後の立証責任のレベルでは、利益衡量説が証拠提出責任の重要な基準となる。特に、証拠との距離、立証の難易は、全面的証拠開示制度をもたない日本では重要な基準となる。結局、証拠の保持者に証拠提出責任を課す考え方（利益衡量説）は、個々の訴訟毎に機能するのであり、実定法の条文毎に確定していくものではない。よって、筆者の意見は、事案に応じて、又は訴訟の流れに応じて利益衡量するもので、かつての利益衡量説と同じではない。それ故、筆者からみると、かつての倉田・石田論争はスレ違いであったといえる。

(5) 主要事実と間接事実

(a)　証拠優越準則の適用対象は主要事実に限定されることはないので、主張事実と間接事実の区別についてもこの区別は重要でなくなり、弁論主義あるいは証明責任は、「事実認定に重要な事実」に適用されると簡潔に考えるべきである。特に、証拠開示を持たない日本では、主張責任はできる限り広く捉えて、認否を通じて事実確定をしていくべきである。

小林教授は、日本と諸外国の学説・実務を詳細に分析され、通説を批判して論争をリードされ、「（最近までの）いずれの論稿も従来の通説の主要事実と間接事実の区別の法理には問題点が存在することを認め、その先の基本的な方向としては、尚主要事実と間接事実の区別を一応の目安として維持しつつ具体的妥当性の見地からある程度の修正を図るものと、主要事実と間接事実の区別を廃棄し訴訟上重要な事実については弁論主義の適用を認めるものとに分かれる」、「私見も主要事実と間接事実の区別に実体法規を適用するための最小限の事実を明らかにする機能は認め、当事者が主張責任を負うミニマムの事実を決定する際の一応の目安になることを肯定するから、その差異も実際上はそれほど大きくないだろう(59)」と、厳格な区分の必要性のないことを論証されたことは、各国における証拠優越準則の採用と深い関係があると見るべきである。

訴訟の動態においては、実体法規上の最も重要な事実（第一の事実）を提示することに始まり、これを証明する第二・第三の下部の間接事実・補助事実の立証に移り、また逆に段々と第一の事実への推認へと戻ってくる。主要事実のうちの最も初めに来るものは、第一の事実として訴訟過程の証拠提出責任の出発点としての重要な機能を営むことは間違いないが、証拠優越準則を適用するについて、その他の事実認定に必要な重要な事実と区別する必要はない。

(b)　小林教授は、「従来、主要事実と間接事実の区別の法理が一律に適用されると考えられていた、①当事者の主張なくして判決の基礎にできない事実、②裁判上の自白の対象たる事実、③弁論で当事者が主張すべき事実、④判決で摘示すべき事実、⑤上告理由、再審事由たる判断遺脱となる事実、⑥訴訟指揮・釈明権の行使や証拠調べの要否、といった六つの局面をそれぞれ個別的に考察すべきもの」とされる。すなわち、従前の重要な間接事実を含めて、事案毎に証拠優越準則に基づいて証拠提出責任、裁判所の釈明権を軸に各別に再構成されるべきこととなるが、結果としては、大きなズレは生じないと考えられる。

(c)　ギレス教授は、「西ドイツには主要事実と間接事実の厳格な区別などそもそもなかったのであり、日本でなぜそのような厳格な区別がなされるのか理解できない」とされ、訴訟促進義務との関係では、「間接事実も含め裁判所の判断にとって重要と思われるすべての事実が早期の段階で当事者によって主張されるべきであり、日本でなぜ訴状（準備書面）で主張事実しか記載しないことが理想とされているのか理解に苦しむし、そのような法曹養成教育にはどのようなメリットがあるのか」と批判されていた[60]。

木川弁護士も、「わが国の実務では西ドイツと異なり訴訟過程で間接事実の整理を徹底して行わないことが問題点であり、間接事実の重要性を認識させないで主要事実の整理だけで足りるという意識を司法修習生に持たせるとすれば、そういう意味での要件事実教育は民事裁判にとって〝死に至る病〟である」と主張された[61]。

(6)　間接事実の証明（度）

間接事実については、そもそも常に証明を要するのか、証明を要するとすれば証明度はどの程度を要するのか、証明責任の分配はあるのかが問題とされてきた。

(a)　通説は、「証明度は、主要事実はもとより間接事実や補助事実についても一律に定まっており、事実上の推定についても直接証拠による認定の場合についても異ならないと解する」とされている[62]。主要事実を推認する間接事実の認定にも悉無率（all or nothing）が働く（倉田）、主要事実と同じ証明法則に服する（野崎）、との説明がされたり、中には、間接事実は主要事実への推認をもたらすものであるから、一般的証明度より高度（合理的疑いのない程度）の証明を要する、というものもある（石井、住吉）[63]。

(b)　高橋教授は、「間接事実・補助事実（ただし、文書の真正は別である）については、証明責任の概念は不要である。もちろん間接事実についても真偽不明ということはあり得るが、間接事実においては五分五分の心証のままで、他の間接事実あるいは弁論の全趣旨を綜合して主要事実の存否を認定すればよく、かつ、その方がきめの細かい認定をすることができる」と主張される。(64)

伊藤元判事も、「間接事実というものは、そもそもの存在の証明ということと結びついている観念ではない。したがって、要件事実についての推認力を性質上有する事実であれば、それは間接事実というを妨げない」、「間接事実について達せられている証明の程度とその性質上持っている推認力の強度によっては、その間接事実と同間接事実を除いて考えた場合の証明の状況とが綜合されて、要件事実の証明があったとされることはあるということである」と、やや分かりにくい説明をされる。(65)

(c)　右(b)の意見は、通説の高度の証明度の適用の不当性を間接事実の認定で軽減しようとし、間接事実の認定に証拠優越準則を適用するのに等しい結果となっている。そして、主要事実は間接事実の積上げであるので、結局、主要事実にも右準則が適用されることになる。事実認定の原点は、可能性（確率）の算定である。常識的経験則はそれ自体で可能性が高まるし、社会的例外事象は個別立証で補強することにより可能性を認めることができる。証拠優越準則を採用し、その訴訟の中で重要な事実をすべて同一の分かりやすい基準で認定すべきである。

(7) 暫定的心証提示

(a) 裁判官による心証開示は、現在の実務でも積極的には行われていない。特にかつては、裁判官は外形上は公正・中立を保つ必要があると強調されたため、心証開示などは中立性を損なうものとして代理人弁護士が非常に反発したからである。しかるに、文献の上では、現在まで研究者[66]ばかりか実務家もこれを次のように積極的に評価している。[67]

「争点整理のための心証開示」は、「和解のための心証開示」とは別に、次のように説明されている。

① 争点の指摘　当事者と裁判官とが争点についての共通認識をもつために必要な、最も基本的なもの

② 法律上の見解の表明　法解釈や主張・立証責任の分配等の法律上の見解について裁判官が見解を表明すること

③ 狭義の心証開示　証拠調べの結果も踏まえてその段階で裁判官が要証事実の存否及び（場合によっては）事実の結論についてどのような認識・判断をしているのかを明らかにすることである。当該要証事実の立証の難易についての一般的な指摘もこれに含まれる。当事者は必要な証拠申請を考慮する等自らの立証スケジュールを再考することが可能となる。

(b) 民事確信説及び法律要件分類説をとった場合には、右心証開示は相当に危険であるばかりか、

公正・中立に運用できる保障はない。なぜならば、証拠偏在の場合には、証明責任を負うが証拠を保持しない当事者の立証が不十分と告知されるだけで、証拠を保有するが証明責任を負わない当事者に対して証拠を提出する義務や動機を生じさせることができないからである。これに対して、利益衡量説及び証拠優越準則を採用するならば、暫定的心証開示を常時することにより、証拠提出を促進させることが可能となる。裁判官は、いかなる証拠がどちらにあるか否かを徹底的に追及して提出させる重要な任務を負うことになる。

⑻　釈　明　権

園尾判事は、「釈明権は、訴訟指揮権のなかの一機能であり、裁判所から当事者に対し、主張および立証計画を明らかにするよう求める権限である。釈明権は、事実関係を明瞭にするため、事実上および法律上の事項に関し、裁判長が当事者に問いを発し、または立証を促す方法により行使される(一四九条一項)。釈明権の行使の準備ないし補充として、裁判所には、釈明処分を行うことも認められている(一五一条)」、「釈明権は裁判所の権限として規定されており、裁判所に釈明義務があるとする規定はない。しかし、事実審の裁判所が釈明権を行使しなかったことが判決に影響を及ぼすべき法令違反の一類型であるとされ(旧三九四条)、上告審から見て違法と評価される場合がある。この解釈に基づき、裁判所には一定の場合に釈明義務があるとの評価がなされている」と説明される。(68)

このように、一般的には裁判所の権能・義務とのみ説明されている。(69) しかし、現実の実務においては、当事者主義構造の中で当事者代理人が相手方に求釈明をする形で機能しているのであり、これをより強化する必要がある。しかるに、現在までは、求釈明された相手方代理人がこれに応えない場合の制裁が明確でないために、当事者も裁判所も怠惰となる傾向に陥る。

裁判所の釈明権に服しない当事者への制裁として、①時期に遅れた攻撃防御方法の却下、②自由心証主義の下で不利益な心証をもって訴訟進行、結審、判決すること、等があげられている。(70)

しかし、証拠開示制度もない状況で、法律要件分類説、民事確信説をとった場合には、高度の証明をするために、証拠収集に時間と労力を要するため、上記①もとれず、また②の採用についての理由付けが明確でないため、現実には制裁は機能していない。しかるに、証拠優越準則を採用するならば、被害者たる原告は、手持ち証拠の提出のみで表見証明、証拠優越が認められ、証拠を保持しながらも直ちに提出しない被告へ証拠提出責任が移転するので、これに応じない被告に制裁を課する正当性と妥当性が生じるである。

(9)　本指針の長所

以上によれば、証拠優越準則と証拠提出責任（利益衡量説）を採用することにより、次のような結果が十分に保障される。

①　手続保障――当事者の求釈明権行使を強化することにより当事者主義を強化する。
②　審理の充実――裁判官の心証開示、釈明権行使によりほとんどの証拠が提出されることになる。
③　事実認定の厳格化――証拠に基づく裁判が実現される。
④　当事者の納得――右①〜③により当事者はプロセスと結果を十分に理解できる。
⑤　和解の促進と合理化――心証形成が早くなり、判決見通しが開示されるので、判決と同じ結果となる和解をしやすくなる。
⑥　訴訟の促進――当事者代理人と裁判所の協議により証拠提出が進み、また証拠を提出しないと不利益となるので、明らかに迅速化する。

五　証拠優越準則等に基づく事案解明と事実認定の合理化

(1)　社会的民事訴訟

(a)　日本において、裁判官と当事者の協働主義の発展を図るには、以下のごときドイツの民事訴訟の歴史を学ぶ必要がある。なぜならば、ドイツの協働主義の一面のみを切り取ってくることは誤りであり、さらに、学説と実務の融合に基づく「規範説から証拠優越準則等への移行過程」を十分に消化しなければならないからである。

一七八一年のオーストリア一般裁判所法は、ほとんど無制限な当事者主義、書面主義、間接主義、非公開主義、同時提出主義及び法廷証拠法則を採用し、その結果、著しい訴訟遅延に陥っていた。[71] 一八七七年のドイツ民事訴訟法（ZPO）も、当事者主義、弁論主義、自由主義的目的を義務づけ、適正かつ迅速な裁判といえるものではなかった。ローゼンベルクの『証明責任論』初版は、右状況の下で一九〇〇（明治三三）年に出版された。

しかし、オーストリア、ドイツではその後、市民の期待に応えるための大改革が実行された。まず一八九〇年、オーストリア人のアントン・メンガーは、『民法と無産階級』を著し、ドイツ民法典草案に対し、これは無産階級の利益に反する不平等な法典であると批判し、自由主義的な訴訟法により「不平等な者を平等に扱うほど不平等はない」と当事者間の対等的教示義務や法的扶助義務の導入によって対処すべきことを主張した。ウィーン大学講師であったフランツ・クラインは、『未来』を著し、社会の急激な産業化を背景に、社会的・経済的弱者たる市民・労働者を当事者像として想定し、訴訟を社会的大量現象と把握し、、紛争は社会的疾病であるとし、迅速・公正・簡易・廉価な訴訟法の創設は福祉・経済取引のための社会政策的要請であるとした。[72]

(b)　右理念に基づき、一八九五年、オーストリアの新民事訴訟法が成立し、公開主義、口頭主義、直接主義、自由な証拠評価等の原則を採用した。クラインは、事実発見（事実解明）のための裁判官と当事者の協力主義を唱え、職権的訴訟運営、失権効の強化、完全陳述義務、真実義務を強調する一方、英米法のディスカバリーに類似した制度[73]（一八四条）も導入し、当事者の権限強化もした。手続の経済化と簡易化を特徴としていた。クラインのこの「社会的民事訴訟」は被害者救済、弱者保護、社会的利益保護を目的としており、日本のように、被害者を踏みつけにしたままの裁判所の負担軽減、コスト削減を目的とするものではない。

これに対してドイツでは、二〇世紀に入っても自由主義的国家観に基づくZPOにより、裁判所は受け身的立場に置かれ、訴訟の遅延を起こしていた。その結果、一九二四年、一九三三年の改正により、①当事者の完全陳述義務・真実義務・協働義務（一三八条）、②裁判官の釈明義務・事案解明義務・討論義務（一三九条）（民事訴訟のマグナカルタといわれる）が採用された[74]。裁判官ルドルフ・バッサーマンは、名著『社会的民事訴訟』を著し、ボン基本法一〇三条の法的審問請求権は、当事者の主体的地位の確保のための「フェアーな訴訟」という要請を遙かに超えて、社会的弱者を保護する社会法治国家の訴訟を要請し、下層の人々に簡易・迅速かつヒューマンな救済をするために、裁判所と当事者の協同作業・コミュニケーションを重視する理念を高らかに唱えあげた[75]。同様の理念の下に、裁判官ロルフ・ベンダーはシュトゥットガルトモデルを発展させた。一九七六年の簡素化法、一九九〇年の司法簡素化法により、さらに手続の迅速を図った。

(c)　右の社会的民事訴訟を支える事実認定論も発展した。ローゼンベルクは、一九〇〇年、『証明責任論』をもって、一九世紀のドイツ産業振興の守護者としての訴訟イデオロギーを提供した。そのとき、ローゼンベルク及び判例は、民事確信説又は高度の蓋然性説を前提としていた。そこで、ローゼンベルク自身、一応の推定（prima-facie-Beweis）、表見証明、間接反証を用意し、規範説の柔軟化を図っていた。[76]そのためか、ローゼンベルグの説は、日本と異なり大きく変容していった。

吉野正三郎教授は、ドイツでは判例による法形成が極めて強力かつ活発で、常に理論を先取りし、判例の集積の上に学説がこれを整理・分析し、それを基に理論を構築するので、日本とは全く逆である、といわれている。[77]

判例上、証明責任論としては、次のような理論が次々と採用されていった。[78]

① 挙証責任の転換　不法行為の被害者（原告）に過大な立証責任を負わせる（加害者に無責の推定あり）ことから、加害者に過大な立証責任を負わせる（有責の推定）という結果となるもの。それ故、これを支える次のような多くの理論が登場した。

② 表見証明（証明度軽減）　原告の証明が成立したものとみなして、被告に証明責任を転換していく。

③ 危険領域説　損害を惹き起こした事件は、被告（債務者）の危険領域の中に見出すことができるから、被告の側で免責・無責の立証をしなければならない。

④ 重大な診療過誤理論　医療について承認された規準に対する明白な違反の確定がされると、

医師の有責は推定され、立証責任は転換する。

⑤　証明妨害　被告が、故意又は過失により義務に違反し、立証を妨害したときには、事案解明の責任を被告に負わせる。

(d)　ライポルトは、一九六六年、ローゼンベルクの法規不適用説（ある法規の法律要件要素の存否が不明な時にはその法規は適用できないこと）を批判し、証明責任規範（事実の無証明の場合に、判決を可能にする特別の法規を必要とするもの）の独立化を主張した。また、権利根拠事実と権利妨害事実の区別も批判した。(79) この批判により、規範説は大きく後退することとなった。しかし、他方、ライポルトは、一九八二年、バッサーマンの『社会的民事訴訟』に対して『民事訴訟とイデオロギー』を著し、協働主義という職権主義は弁論主義の否定につながるし、メンガーの社会主義、東ドイツとナチスの民事訴訟のイデオロギーにつながるものとし、当事者の自由と自己責任（自由主義）を強調した。(80)

これに対して、裁判官ベンダーは、一九八二年、市民からの企業への多くの訴訟における真の武器平等、補償的弁論指揮、解明主義、裁判官の積極的・実質的中立性を高く評価し、逆に、厳格な弁論主義は市場経済原理の不健全な発展や濫用を抑制する手段としては不適切なのであるとした。(81)

(2)　事案解明義務

ドイツにおいては、以上のような実務と学説の発展により、その総合的評価として遂に「証明責任を負わない当事者の事案解明義務」が強く主張されるに至った。ロルフ・シュトルナーは、その根拠として、左記①〜④の総合判断をあげている。(82)

①　立法　完全陳述義務、真実義務、文書提出義務、当事者尋問、訴訟前の故意の文書棄毀

②　判例　検証物の提出、検証の受忍義務、相手方の医学的検査、訴訟前の過失の証明妨害、官庁からの文書提出、診療録の提出義務、証人の氏名・住所の開示義務、証明軽減から証明責任の転換までを承認する当事者の挙動評価

③　米国・英国のディスカバリー、フランス新民事訴訟法一一条（間接強制による文書提出命令）、イタリア・スイス・オーストリア等の文書提出義務、検証受忍義務

④　ボン基本法二条一項

右事案解明義務については、フィリッツ・フォン・ヒッペル、ペータースに続き、ロルフ・シュトルナーが強力に主張している。これに対して、ゴットヴァルト、アーレンス、ライポルトは、弁論主義を強調する立場からこれに反対している。(83)

結論として、ドイツにおいては、①表見証明、挙証責任の転換、証明度の軽減、証明優越準則への移行、②証拠開示制度の理念を取り込む証明責任を負わない当事者の事案解明義務等の発展により、民事確信説及び客観的証明責任論はもはや意義を失いつつあると判断すべきである。

なお、日本でも、「証明責任を負わない当事者の事案解明義務」を支持する者が増している。(84)

(3) 客観的証明責任の後退

日本においても証拠優越準則を採用すると、客観的証明責任の役割が著しく低下することは確実であるが、その機能の意義をどのように位置づけるのかが問題となる。確かに、証拠優越準則を採用すると客観的証明責任は不要となるとの文献上の説明はあるが、必ずしも明確ではない。

(a) 米国における陪審へのあるアンケートでは、陪審にとって最も理解するのが困難な法律用語は証拠優越準則であったという[85]。ディスカバリーの結果、双方から十分な証拠が提出されて、五対五か六対四かという認定自体に評価が分かれることはあり得るし、この場合には判断に迷うことを意味している。しかし、陪審への説示をみる限り証拠価値が五対五となり、客観的証明責任（説得責任）が機能しているとは考えにくいので、現実には客観的証明責任の観念は無用であろう。

(b) 日本においても、客観的証明責任の役割は消滅に等しくなる。裁判官による五分五分の判断は、陪審に比べ、恐らく狭くなるからである。なぜならば、審理の途中で、証拠を十分に吟味しつつ暫定的心証開示を繰り返していけば、最終的には五分五分のケースはほとんどなくなるからである。すなわち、五分五分にみえても、証拠を隠したり、保存義務に違反したと推測されるときには、証明妨害等により不利益を課する、利益衡量説（公平、蓋然性）を適用する、主観的立証責任（証拠提出の懈怠）を課すること等により決せられるといえる。

(4) 証拠優越準則の適用パターン

(a) 証拠充実型　原告と被告が、自分が有利になるように、すなわち証拠の優越をさせるために、積極的に証拠を提出するパターンである。通常の民事事件はこれに当たる。絶対的証明度が高くても低くても、相対的に証拠の優越する方の事実が蓋然性があるとされる。裁判官は、常時、証拠優越について心証開示し得るので、双方を競争させながら証拠を出させることになる。結審のときには、心証は固まることが基本となる。

(b) 証拠偏在型　一方当事者、特に証明責任を負担しない当事者が証拠を提出しないときには、次のような経過を辿る。不法行為を例とする。

① 原告は、因果関係、過失、損害額等について、手持ち証拠を提出する。一応の証明、表見証明は果たされる（二〇〜三〇％の心証度）。

② 原告は、被告に対して、求釈明、求釈明処分、文書提出命令、検証申立てを行う。裁判所もこれを迅速かつ積極的に採用する。被告がこれに協力しないときには、証拠提出責任、証明妨害、事案解明義務違反を理由に、相対的証拠優越度を高めた形で原告勝訴とする。

③ 被告が相当な証拠を提出した場合には、原告にも有利な証拠となることが多いこと、また、原告はその証拠を弾劾すること等を通じて、事案解明が完全ではないとしても、原告に相対的優越

度が傾いてきたときには原告勝訴とする。五分五分のときには、原告はさらに求釈明等を通じて事案解明をし、裁判所はこれに協働する。

④　裁判所は、以上について、暫定的心証開示をしながら、迅速果敢に訴訟をリードする。裁判所は、三者の間で審理契約をすることも可能である。(86) 被告が一定の証拠を提出しないとの合意をすることも可能である。しかし、被告が後に審理契約に違反したり、提出しないとの合意をした証拠を提出することは、制限されるか排除されるべきである（失権効の発動）。被告は通常、弁護士をつける等の十分な防禦の体制にあるからである。

(5)　相対的評価

証拠優越準則を適用した場合には、事実の存在について、証拠の優越又は蓋然性の優越とは絶対的評価か相対的評価かが問題となる。なぜならば、文献上「五〇％を超える心証」、「五一％」等との表示がされること、また、段階的心証度（九〇％、七五％、五一％）とも言われること等は、絶対的評価を意味していると考えられるからである。しかし、以下のとおり、少なくとも日本における証拠優越準則の適用においては、相対的評価として採用することが正当である。

ベイジアン・アプローチを使い、別表の通り分かりやすく説明する。

①　**別表Ⅰ**　ある町の工場付近の住民が、工場の煙を喘息の原因として、工場に対して損害賠償

請求した。その町全体の喘息住民数の割合Aと、喘息でない住民数の割合A'は、〇・二対〇・八とする。喘息住民の内、工場付近住民の割合は〇・七（B1）、非喘息住民の内、工場付近住民の割合は〇・一（B2）であった。工場付近の住民（B1+B2）の内、喘息住民（B1）の割合は〇・七二七となる。事前確率〇・二から事後確率〇・七二七と大幅に確率は高まる。工場付近の住民の方が喘息になる確率が非常に高いことが判る。

② **別表II**　喘息の者と非喘息の者が共に、同じ割合だけインフルエンザにかかったとする。その割合がⅰ〇・三でもⅱ〇・七でも、事前確率と事後確率はいずれも〇・二となり、喘息に対してインフルエンザの影響はない（独立）とみなされる（すなわち、横線が真っ直ぐ一本となる）。

③ **別表III**　女対男＝〇・四対〇・六の場合

ⓐ 昇給しない者の割合は、女〇・五、男〇・一である。事前確率〇・四から事後確率〇・七六に上昇し、明らかな差別が立証される。

ⓑ これに対して、右の例で男性の内昇級しない者の割合が〇・四五と大きいときには、事前確率〇・四から事後確率〇・四二五しか上がらないが、差別の可能性は相対的には認定できる。（すなわち、ⓐとⓑでは、横線のズレの差が大きく異なってくる。）

ⓒ 右ⓐにさらにボーナス支給のない者の割合を女〇・七、男〇・二加算（up-dating）すると、事前確率〇・四から事後確率〇・九二と大幅に上昇し、差別が立証される。

〔別表Ｉ〕

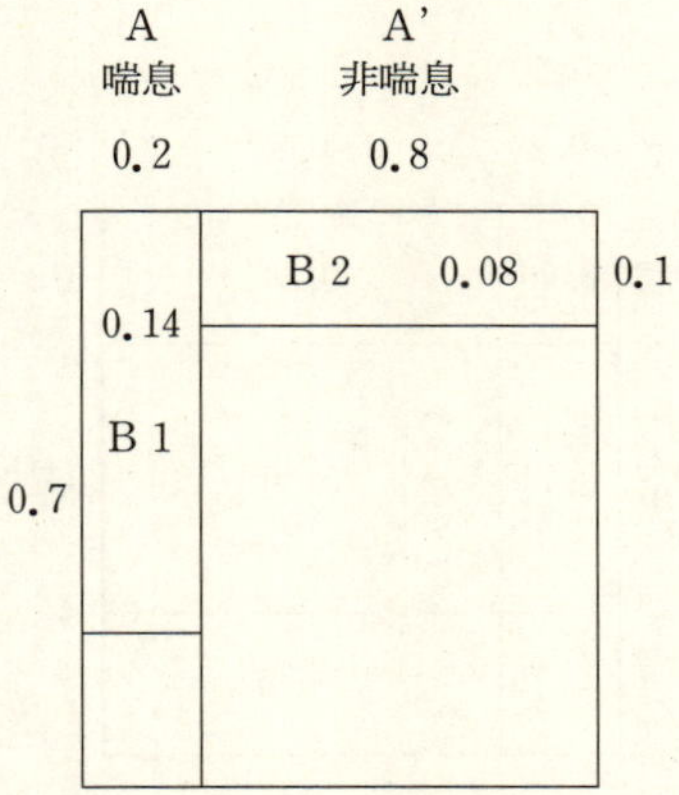

P（A）＝0.2（喘息住民数の割合）　　P（A'）＝0.8（非喘息住民数の割合）

P（B|A）＝0.7（喘息住民の内、工場付近住民の割合）　　P（B|A'）＝0.1（非喘息住民の内、工場付近住民の割合）

P（B）＝0.2×0.7＋0.8×0.1＝0.22（B 1＋B 2）

工場付近住民の内、喘息住民の割合

$$P(A|B)=\frac{P(AB)}{P(B)}=\frac{P(A)\cdot P(B|A)}{P(A)\cdot P(B|A)+P(A')\cdot P(B|A')}$$

$$=\frac{0.2\times0.7}{0.2\times0.7+0.8\times0.1}=\frac{0.14}{0.14+0.08}=\frac{B1}{B1+B2}=0.727$$

〔別表II〕

	A 喘息	A’ 非喘息	
	0.2	0.8	
0.3	0.06	0.24	0.3
0.7	0.14	0.56	0.7

インフルエンザにかかった人の割合は同じとき

ⓘ　$P(B|A)=P(B|A')=0.3$

$$P(A|B)=\frac{0.2\times0.3}{0.2\times0.3+0.8\times0.3}=\frac{0.2}{0.2+0.08}=0.2$$

ⓘⓘ　$P(B|A)=P(B|A')=0.7$

$$P(A|B)=\frac{0.2\times0.7}{0.2\times0.7+0.8\times0.7}=\frac{0.2}{0.2+0.08}=0.2$$

〔別表III〕

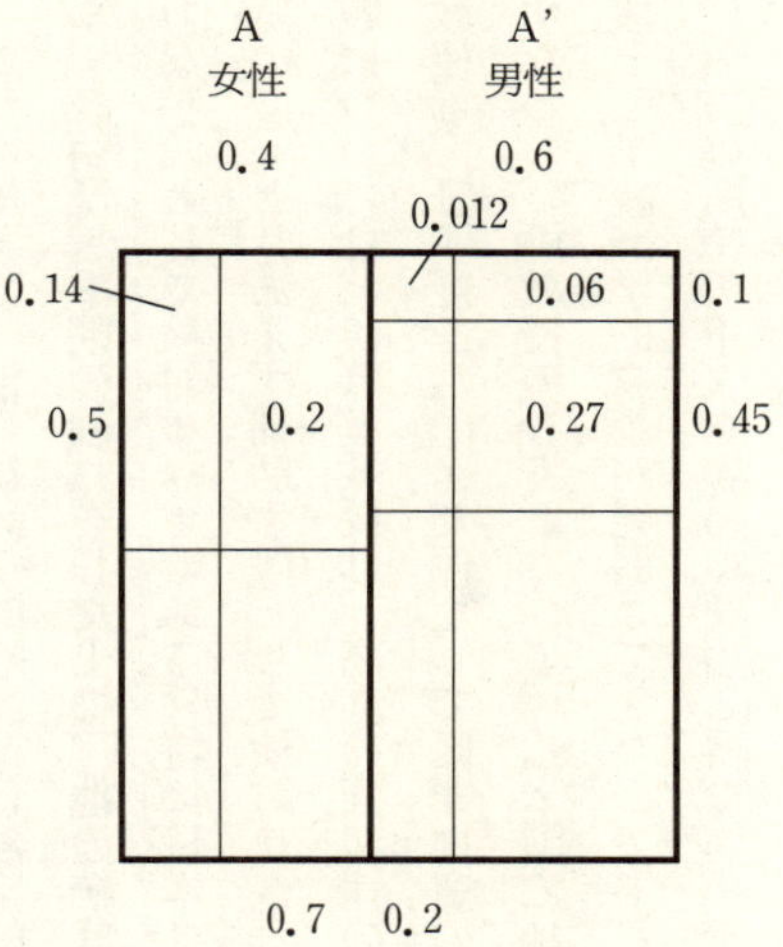

ⓐ　P（B|A）＝0.5　　（女性の内、昇給しない者の割合）
　　P（B|A'）＝0.1　　（男性の内、昇給しない者の割合）

$$P(A|B)=\frac{0.4\times0.5}{0.4\times0.5+0.6\times0.1}=0.76$$

ⓑ　P（B|A'）＝0.45 の場合

$$P(A|B)=\frac{0.4\times0.5}{0.4\times0.5+0.6\times0.45}=0.425$$

ⓒ　P（C|A）＝0.7　　（女性の内、ボーナス支給のない者の割合）
　　P（C|A'）＝0.2　　（男性の内、ボーナス支給のない者の割合）

$$P(A|BC)=\frac{0.4\times0.5\times0.7}{0.4\times0.5\times0.7+0.6\times0.1\times0.2}=\frac{0.14}{0.14+0.012}=0.92$$

(6)　今後の課題

(a)　前記のとおり、ベイジアン・アプローチが、証拠優越準則を説明する適切かつ判りやすい確率論である。これに加えて、他の統計学的立証又は疫学的証明が有用であることも肯定できる。しかし、日本ではまず証明優越準則の確立をした上で、他の統計学的立証についても明白な証拠優越状態へ持ち込む有力な手段として検討すべきである。特に日本では、十分な統計データ自体をそろえることに困難があるので、とりあえず補助手段として検討せざるを得ない。

この課題については、伊藤眞教授は、高度の蓋然性の証明を目的として帰無仮設の検定を導入し、[87]三木浩一教授は、証明度を八〇％と仮定して区間推定の手法を採用しようとされるが、[88]方法論に疑問がある。すなわち、両教授の参考とされている米国では、証拠優越準則を確立した原則としつつ、その証明手段として統計学的立証が発展してきたのである。日本では、証拠開示制度が採用されていないから、相手方の所持データを容易に使用し得ない。むしろ、本稿で論じたように、証拠優越準則を利用して、まず相手方にデータを提出させることが課題である。そして、相手方がデータや証拠を出さない場合には敗訴判決を予告するならば、まず証拠が提出されることは確実であり、その場合には統計的立証も可能となる。被告が証拠不提出を選択するならば、心証度の低い表見証明だけで判決を下すことも、当事者主義から正当化されると考える。

(b)　米国で近年、ディスカバリー制度の修正として連邦訴訟にディスクロージャーが追加導入されたことについて、大村雅彦教授らが報告・分析されている(89)。ディスカバリーは、一方当事者の要求により相手方に開示義務が生じるが、ディスクロージャーは、両当事者が相手方の要求を待たずに、一定の事項については当然に開示する義務を負う。その実効性も、ディスカバリーの補充的制度であるからか、違反についての制裁が強力であるためか、確保されているようである。日本も、米国法の発展を今こそ参考にしなければならない。

(c)　日本では、新民訴法が施行されたにもかかわらず、文書提出命令の運用は依然として狭く、かつ遅い。裁判所は負担の増大を嫌っていると推測される。そうであるならば、本稿のような訴訟運営論により、証拠提出を進めるべきである。

(7)　要件事実教育の終焉

(a)　司法研修所においては、民事確信説の立場に立ちつつ、客観的証明責任論を扱ってきた。その対象は、売買、消費貸借、明渡し請求等に限定され、上記立場の矛盾が最も大きく現れるもので、最も重要な不法行為を対象にしなかった。それ故、ローゼンベルクですら検討を加えていた一応の証明、表見証明、間接反証について教育されなかった。すなわち、民事確信説に立つならば、被害者救済のために発展してきたドイツにおける判例・学説、日本の学説を大いに検討し、採用すべきであったが、なし得なかった。

(b)　米国における証拠優越準則、証拠開示の発展などを全く顧慮せず、これらを教育の題材としようとしなかった。証拠をできる限り提出させるために、すなわち事案解明のために、一方の証明度を下げ、他方の証拠提出責任を強化させる等の方針は、教育の対象にならなかった。

(c)　以上により、裁判所・当事者の釈明活動、当事者の行為規律、具体的証拠提出責任などはほとんど教育の対象にならなかった。その結果、司法研修所卒業の多くの裁判官、弁護士による訴訟遅延、五月雨審理が蔓延するに至った。

(d)　法律要件分類説は、民事確信説を大前提として運用されてきた。それ故、不法行為の因果関係、過失、損害賠償額のすべての立証について原告に過大な負担を負わせること、ある事実立証について否認説をとるか抗弁説をとるか、又は債務不履行か不法行為かの構成の差異により過大な立証責任の負担が決められ、これにより原・被告の勝敗が確定的となる等の問題や矛盾があることは、誰しもがある程度気がついてきた。その結果、判決の事実認定の中で、客観的証明責任の結果によるとの認定もしなければ、証明度又は心証度に触れることもほとんどなかった。法律要件分類説と民事確信説に疑問を抱きつつもこれを否定するツールを持ち合わせなかったのである。日本において、事実認定論や証拠法の発展がみられなかった大きな原因は、まさに司法研修所教育にあったといえる。事実認定の客観化・合理化のための今後の教育は、証拠優越準則の運用をどのように扱うかを含めて、法科大学院において進められる必要がある。

(e)　訴訟運用に限らず、最高裁、法務省の政策立案が常に社会に遅れをとり、現状維持的となってきた。日弁連や弁護士会も、深い理論的根拠をもって法形成についての意見提出をしがたく、要件事実教育への批判も十分なしえなかった。それらの大きな原因は、米国やドイツのように幅広い法曹教育がなされてこなかったからである。

(1)　岩佐・中田・奥山『民事訴訟におけるプラクティスに関する研究の概要』（法曹会、昭和六三年）。

(2)　遠藤直哉『民事訴訟促進と証拠収集』判タ六六五号（昭和六三年）二四頁以下。

(3)　後に、英国における陳述書の交換制度（一九八六年）が紹介されたが、ほとんど同じ制度といえる。長谷部由起子『変革の中の民事裁判』（東京大学出版会、一九九八年）一〇八〜一一二頁。

(4)　朝日新聞平成一二年一月七日。

(5)　遠藤直哉「実務・研究・教育の統合を目指す法科大学院構想」自由と正義五〇巻五月号（平成一一年）二四頁以下（本書第二章）、同「Smaller is better！　―少人数法科大学院の提言」ＮＢＬ六八二号（平成一二年）三四頁以下（本書第五章）。

(6)　古閑裕二「訴訟上の合意と訴訟運営」判タ九六九号（平成一〇年）三六頁。

(7)　西野喜一「争点整理と集中審理」ジュリスト増刊・民事訴訟法の争点（第三版）（平成一〇年）一六二〜一六三頁、同「争点整理と弁論兼和解の将来（上）」判時一五八三号（平成九年）二八頁注52。

(8)　樺島正法「新法下の文書提出命令と今後の課題」判タ九七一号（平成一〇年）五八〜五九頁。

(9) 高橋宏志『重点講義・民事訴訟法』(有斐閣、平成九年) 四〇頁。
(10) 田尾桃二ほか『民事事実認定』(判例タイムズ社、平成一一年) 三三〇頁 (太田勝造発言)。
(11) 『増補　民事訴訟における要件事実』第一巻 (司法研修所、昭和六一年)、司法研修所『紛争類型別の要件事実』(法曹会、平成一一年)。
(12) 新堂幸司「法曹一元への道のり」NBL六七六号 (平成一一年) 二六頁。
(13) 春日偉知郎『民事証拠法研究』(有斐閣、平成六年) 二頁。
(14) 萩原金美「民事証明論覚え書」民事訴訟雑誌四四号 (一九九八年) 六〜九頁、松本博之『証明責任の分配』新版 (信山社、平成八年) 三三三頁。例えば、不法行為の原告が故意過失・因果関係を主張し、間接事実Aについて表見証明をすれば、右間接事実をくつがえす間接事実「非A」の立証責任は被告に転換されるのであり、右Aの主張責任と分離する。
(15) 参考として、松本・前掲 (注14) 三五九頁以下。
(16) 最判昭和五〇年一〇月二四日——民事訴訟法判例百選II (別冊ジュリスト一四六号) (平成一〇年) 二五四頁。
(17) 田尾ほか・前掲 (注10) 二六四頁。
(18) 太田勝造『裁判における証明論の基礎』(弘文堂、昭和五七年) 第五章、同・前掲 (注10) 二七五〜二七九頁。
(19) 小林秀之『新証拠法』(弘文堂、平成一〇年) 七六頁。
(20) 村上博巳『証明責任の研究』新版 (有斐閣、昭和六一年) 六頁。
(21) 松本・前掲 (注14) 一一頁。

(22) 高橋・前掲(注9)三八一頁。
(23) 竹下守夫「間接反証という概念の効用」法学教室〔第二期〕五号(昭和四九年)一四五頁。
(24) 高橋・前掲(注14)三八四頁。
(25) 太田・前掲(注18)一三八~一四一頁。
(26) 小林・前掲(注19)二〇三頁。
(27) 高橋・前掲(注9)三八九~三九一頁。
(28) 中野貞一郎『過失の推認』(弘文堂、昭和五三年)一六~二二頁。
(29) 末川博『続民法論集』三三二頁以下。
(30) 中島弘道『挙証責任の研究』一四〇頁以下。
(31) 太田・前掲(注18)第七章。
(32) 伊藤眞『民事訴訟法』(有斐閣、平成一一年)二八三頁、新堂幸司『新民事訴訟法』(弘文堂、平成一一年)四五八頁。
(33) 石田穣『証拠法の再構成』(東京大学出版会、昭和五五年)一五〇頁、新堂幸司「研究会・公害訴訟」ジュリスト五〇一号(平成七年)一二三頁。
(34) 太田・前掲(注18)二一頁の説明を補充した。
(35) 倉田卓次『民事交通訴訟の課題』(日本評論社、昭和四五年)一六七頁。
(36) 石田・前掲(注33)一四三頁。
(37) 村上博巳『民事裁判における証明責任』(判例タイムズ社、昭和三七年)七頁。
(38) 太田・前掲(注18)五一~六三頁。

（39）ロルフ・ベンダー「証明度」（森・豊田訳）『西独民事訴訟法の現在』（中央大学出版部、一九八一年）二四九頁。
（40）John Kaplan, Decision Theory and the Factfinding Process, 20 Stan. L. Rev. 1065 (1968).
（41）春日偉知郎「自由心証主義の現代的意義」講座民事訴訟⑤・証拠（弘文堂、昭和五八年）五二頁。
（42）加藤新太郎『手続裁量論』（弘文堂、平成八年）一五九頁。
（43）松本博之「民事証拠法の領域における武器対等の原則」講座新民事訴訟法II（弘文堂、平成一一年）二五〜二六頁。
（44）小林・前掲（注26）七六頁。
（45）McCormick, On Evidence, 4th edition, vol. 1 & 2, Practitioner Treatise, West, 568-578.
（46）Richard S. Bell, Decision Theory and Due Process, 78 Journal of Criminal Law & Criminology 559 (1987).
①　preponderance of evidence　五〇%以上
②　clear and convincing proof　七五%以上
③　beyond a reasonable doubt　九〇%以上
（47）Moller, Pace & Carrol, Punitive Damages in Financial Injury July Verdicts, 28 Journal of Legal Studies 295 (1999).
（48）J. Kaplan, ibid. 1071-1074.
（49）小林秀之『新版・アメリカ民事訴訟法』（弘文堂、平成八年）二〇三〜二三五頁。
（50）McCormick, ibid. 571.

(51) 小林・前掲（注26）二三一頁。
(52) 山木戸克己『民事訴訟法論集』（有斐閣、平成二年）二八頁・三二頁。
(53) 井上治典『民事手続論』（有斐閣、平成五年）。
(54) 小林秀之『民事裁判の審理』上智大学法学叢書一一巻（昭和六二年）三五～三六頁。
(55) 佐上善和「立証責任の意義と機能」『これからの民事訴訟法』（日本評論社、平成六年）一三九～一五二頁。
(56) 石田穣『民法と民事訴訟法の交錯』（東京大学出版会、昭和五四年）、新堂・前掲（注32）四八九～四九二頁。
(57) 倉田卓次『民事実務と証明論』（日本評論社、昭和六二年）二八一～二八三頁。
(58) 石田・前掲（注33）二二五～二五二頁。
(59) 小林・前掲（注26）一七一～一七二頁。
(60) ペーター・ギレス著（小島武司編訳）『西独訴訟制度の課題』（中央大学出版部、昭和六三年）四一九頁。
(61) 木川統一郎「西ドイツの集中審理から学ぶ」判タ六〇一号（昭和六一年）一一頁。
(62) 加藤・前掲（注42）一三五頁。
(63) 伊藤滋夫『事実認定の基礎』（有斐閣、平成八年）一八九～一九〇頁。
(64) 高橋・前掲（注9）三五一頁。
(65) 伊藤・前掲（注63）一八〇頁。
(66) 山本克己「民事訴訟における Rechtsgespräch について(1)～(4)」法学論叢一一九巻一号～一二〇巻一

号（昭和六一年）、同「手続進行面におけるルール・裁量・合意」民事訴訟雑誌四三号（平成九年）、原竹裕「裁判官の法見解及び心証の披瀝」ジュリスト増刊・民事訴訟法の争点（新版）（昭和六三年）二三四頁。

(67) 加藤新太郎『民事実務読本』II（東京布井出版、平成八年）一七七頁、シンポジウム「民事訴訟の促進について」民事訴訟雑誌三〇号（昭和五九年）一二八頁以下・一五七頁以下。

(68) 園尾隆司「裁判所の釈明権と訴訟指揮」講座新民事訴訟I（弘文堂、平成一〇年）二二四〜二四三頁。

(69) 加藤新太郎「行為規範としての釈明」自由と正義五〇巻一〇号（平成一一年）六八頁以下。

(70) 園尾・前掲（注68）二四二頁。

(71) 松村和徳「近年におけるオーストリア民事訴訟改革とその評価」山形大学法政論叢創刊号（平成六年）一五〜一九頁。

(72) 松村・前掲注（71）一九〜二二頁。

(73) 松村和徳「フランツ・クラインの訴訟理念とその特徴」木川古稀記念論文集下巻（判例タイムズ社平成六年）二四四頁。

(74) 『ドイツ民事訴訟法典』（法曹会、平成三年）一〜二四頁。

(75) ルドルフ・バッサーマン（森勇訳）『社会的民事訴訟』（成文堂、平成二年）。

(76) ローゼンベルク（倉田卓次訳）『証明責任論（全訂版）』（判例タイムズ社、昭和六二年）一八〇頁以下。

(77) 吉野正三郎「西ドイツにおける証明責任論の現状」判タ六七九号（昭和六三年）一三六頁。

(78) 吉野正三郎『ドイツ民事訴訟法の新展開』（晃洋書房、平成三年）三八頁注２・四三頁以下・九九頁以下。

(79) 松本・前掲（注14）一九頁以下。

(80) ペーター・アーレンス編（小島武司編訳）『西独民事訴訟法の現在』（中央大学出版部、昭和六三年）六一頁。
(81) アーレンス・前掲（注80）九五頁以下、吉野正三郎『民事訴訟における裁判官の役割』（成文堂、平成二年）一七三頁以下。
(82) ロルフ・シュトルナー「民事訴訟における事案解明にあたっての当事者の義務」民事訴訟雑誌三二号（昭和六一年）。
(83) ペーター・アーレンス（松本博之ほか訳）『ドイツ民事訴訟の理論と実務』（信山社、平成三年）。
(84) 竹下守夫「伊方原発訴訟最高裁判決と事案解明義務」木川古稀記念論文集中巻（平成六年）一頁以下、春日・前掲（注13）二三三頁以下。
(85) 小林・前掲（注49）二一三頁。
(86) 山本和彦『民事訴訟審理構造論』（信山社、平成七年）。
(87) 伊藤眞「独占禁止法違反損害賠償訴訟（上・下）」ジュリスト九六三号・九六五号（平成二年）。
(88) 三木浩一「確率的証明と訴訟上の心証形成」慶応大学開設一〇〇周年記念論文集（平成三年）六三一頁以下。
(89) 大村雅彦「米国における民事裁判の現況と改革の動向——民事裁判改革法（一九九〇年）を中心として（上・中・下）」国際商事法務二一巻五〜七号（平成五年）、同「アメリカ民訴における事件情報の早期開示の動向」木川古稀記念論文集下巻（平成六年）三二一頁、笠井正俊「民事訴訟における争点及び証拠の早期整理とディスクロージャー」法学論叢一四二巻五・六号（平成一〇年）一三二頁以下。

〔附記〕　本稿は、二〇〇〇年五月一三日に法社会学会で報告し、同年七月七日、司法制度改革審議会に提出したものを、大幅に加筆訂正したものである。

第二章　実務・研究・教育の統合を目指す法科大学院構想

一　はじめに

研修弁護士制度創設の提言を含む法曹養成制度改革の論議が進展する中で[1]、現在では法学教育全般についての抜本的検討が始まっている。大学審議会は、法曹養成のための専門教育の過程を終了した者に法曹の道が円滑に開けるロースクールなどを検討すべしと答申し、自民党は、佐藤幸治教授・佐々木毅教授の報告を受けて、法曹増員を主たる目的としてロースクールの導入を課題とした[2]。柳田幸男弁護士は、日本では法学専門教育を行う機関が欠如していると指摘した上で、米国型ロースクール方式を提言された[3]。矢口洪一元最高裁判所長官は、法学部の期間の伸長又はロースクールの新設及び司法研修所の日弁連への移管を主張される[4]。大学関係者は、従前より法学教育の充実化と現行大学院の拡大に積極的であった。特に、田中成明教授が日本型法曹大学院構想を発表されたことは、大き

な反響を呼んでいる。(5)

これに対して、当事者ともいえる法曹三者は、米国型ロースクールに限らず、法科大学院構想には現在のところ積極的とはいえない。その理由としては、法曹界においては、司法研修所の廃止につながるような改革には抵抗が大きいばかりか、実務と研究との乖離が著しいため、実務法曹の養成を大学（院）側が行うのは相当に困難であると考えられているからである。このような状況を踏まえて、筆者が副委員長をつとめる法曹養成二弁センター（第二東京弁護士会）は、積極的な討議の材料として「法科大学院（ロースクール）問題に関する中間報告書」を発表した。(6)

本稿は、筆者の個人的意見ではあるが、法科大学院構想がなぜ必要かを論ずるとともに、法学専門教育の内容が明確となっていないのでこれを明らかにし、さらに法学理論（研究）と実務の乖離が著しい状況を打破するため理論と実務の統合への途を提言するものである。(7) なぜならば、法学教育とは、研究と実務の統合の成果を伝達するべきものであるが、現在まで基礎法学・外国法（研究）についての教育は軽視され、司法試験科目を中心とする法解釈学・法教義学（実務）についての教育に偏ってきた。二〇〇〇年からの司法試験の法律選択科目の廃止により、さらに状況は悪化する。このような結果について、多くの識者は是認していないのであり、抜本的解決を計るときである。今後は法教義学（実務）と法創造学（研究）との統合を計ることに努力し、これを教育の内容とすべきである。その困難な課題を達成する手段として、既存の法科大学院を抜本的に改革・拡充し、これに合わせて司法試験の改革（又は廃止）をも目指すものであり、その要点は以下の通りである。

① 法学理論（研究）における実務の取込み（理論の実務化）、実務における理論の取込み（実務の理論化）により、理論と実務の統合・融合を図り、教育に反映させる。

② 法学研究・法学教育・司法試験・法曹教育は、有機的関連をもって統合されるよう改革する（法学部四年→大学院入学試験→法科大学院二年→司法試験→研修弁護士二年）。

③ 法科大学院の対象者は、法曹三者予定者だけではなく、研究者・行政官・企業人等の予定者を含むものとする（以下、法律家という）。

④ 法科大学院卒業の法律家は、原則として研修弁護士二年を経験するものとする。

二　理想としての統合的法学

現在、法科大学院構想が浮上しているのは、社会構造の変動に対応できる質の高い多くの法律家を不可欠とするとの危機意識から来ているのである。新しい社会に向けて、法実務の改革、法創造機能の強化等をなしうる法律家の養成が求められている。(8) 企業を含む実務の側から、大学教育は役に立たないとの批判が絶えないが、その意味するところも、大学院で実技・ビジネス・条文解釈を教えろというものではなく、創造的発想を持つ人間の養成を要求しているといえる。それ故、右目的に沿う教育改革をすることが重要であり、大学院という箱（ハード）を作ったとしても、もし無批判に現行実務の教育を押し込むとすると、改革は失敗に終わり、実務の側の要請に応えられないばかりか、研究者の世界は踏み荒らされるに止まる。

そこで、筆者は、大学（院）教育の内容（統合的法学の確立）を明らかにするため、田中成明教授が法哲学者ハート、ラズ、フィーヴェクらの法的思考を吸収したうえで法学全体の内的関連を明らかにされているので、[9]これを利用させていただきつつ、以下の通り、筆者の意見「理論と実務の理想的統合」（次頁の図）を説明する。

法学の分野は、基礎法学（法理学、法史学、法社会学、法と経済学、外国法）、実用法学（法解釈学、実定法学、法政策学）、実務法学（法実務、法技法、判例）に分けられる。本稿において、外国法研究を基礎法学に入れる意義は、後述のとおり重要である。日本では現在まで三分野が分断され、その一つの分野の中でもさらに課目毎に分断され、有機的関連に乏しかった。しかし、法学研究と法学教育・法曹教育との統合、理論と実務の統合を計るには、右三分野の統合を目指さねばならない。

実務法学においては、主として、「法教義学的思考」（特定の実定法システムの正統性を承認し、これを推論・議論の権威的前提とすることにより、実定法規範に拘束されるとする思考。実定法の拘束機能の要請に応えるもの）をする。換言すれば、「コミットした内的視点」（実定法システムの正統性を承認して、その枠内で活動する視点）Aを持たざるを得ない。

二　理想としての統合的法学

理論と実務の理想的統合

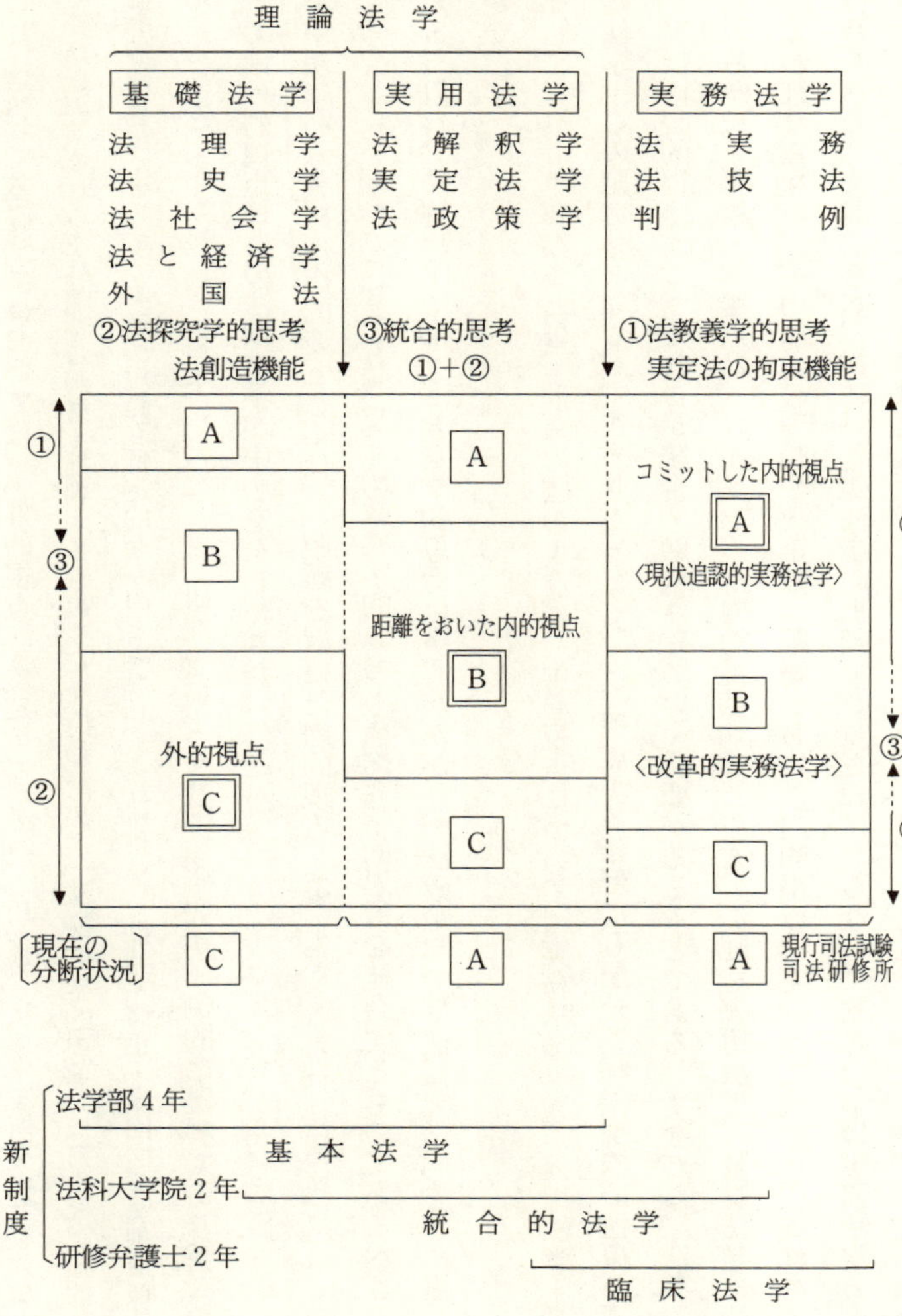

これに対して基礎法学においては、「外的視点」（実定法システム、法実務、法律学を所与の考察対象として受け止め、それらを外部から洞察・批判するもの）Cを持つため、「法探究学的思考」（自由な認知的・評価的機能を第一として、実定法規範も暫定的なものとみなし、これを吟味・批判・修正・撤回する法創造機能に応えるもの）をする。特に日本においては、研究者による外国法研究が圧倒的に優勢であり、この分野では外的視点からの法創造学が中心をなしてきた。

実用法学の本来の理想的姿としては、「距離を置いた内的視点」（実定法システム、法実務について距離をおいて評価するもの）Bをもって、法教義学的思考と法探究学的思考を統合するものであるべきといえる。但し、法解釈学では、法教義学的思考に重心がかかり、法政策学では法探究学的思考に重心がかかる。

そして、最も重要なことは、前頁の図のように、中心視点については実務法学―A、実用法学―B、基礎法学―Cの組合せとなるが、A・B・Cのすべての視点が各分野にも配分され、視線の往復を通じて又は複眼的視座から、それらが統合・融合されていく必要があることである。すなわち、法実務における解釈・課題・問題点は「コミットした内的視点」でとらえ、これを実用法学、基礎法学に持ち込まねばならない。実用法学の理論や政策は「距離をおいた内的視点」をもって成立し、これを実務に持ち込んで実践に移し、逆に、基礎法学の批判にさらさねばならない。基礎法学は実務法学と実用法学を取り込み、これを「外的視点」から批判の対象として、その成果をそれらの分野へ返してやる必要がある。統合的法学とは、「距離を置いた内的視点」の確立、法教義学的思考と法探究学的思考の統合を意味する。そして、右分析に時間的概念を加えると、実務法学の中に現状追認的実務法学（A中心）と改革的実務法学（Bの視点を取り込み、中短期的改革を提言するもの）があり得る。これに対して、実用法学・基礎法学は、実務に対して中長期的改革を提言するものといえる。

三　実務と理論の乖離現象

欧米では理論と実務の理想的統合が進み、法学教育、司法試験、法曹養成も有機的一体を保っている。これに対して日本では、「コミットした内的視点」Aと「外的視点」Cが大きく分裂した現象を起こしてきた。「距離を置いた内的視点」Bは、全体としては未発達となっている。すなわち、前図のとおり、司法試験出題科目の内容、司法研修所の教育は、Aのみに閉塞されてきた。研究者は、外国法研究を中心に、Cにのめり込んできた。特に、司法試験科目を扱う実定法学者は、大学の授業においては狭い法教義学に従事してAに拘束され[(10)]、他方、大学院や学会ではCからの研究を発表し、一人の人間の中で分裂現象を起こしてきた。それ故、A・Cを取り込んだ上で、Bの視点の確立、法教義学と法創造学の統合、その試みこそが正に求められている。法科大学院における法学専門教育とは、これを可能にするものでなければならない。そのためにはまず、司法試験の改革が必須といえる。

司法試験科目は、法教義学に限定することなく、法創造学をも取り込む必要がある。しかし、それだけで統合的法学の教育がなしうるとはいえない。統合的法学自体の確立なくして、その教育は可能とならない。実務を改革する視点、現状を改革する方向性を明確にすることこそ重要である。研究者も実務家も個人個人としては、「距離を置いた内的視点」をもって現状改革に努力しているが、大勢としては遅々として進まないといえる。

その例として、筆者の場合には、弁護士の立場から、次のような努力をしている。例えば、名誉を毀損された依頼者に対して、「ドイツのような迅速な名誉回復措置もないし、謝罪広告も不当に狭くなっているし、損害賠償額も米国のように高額ではないどころか、一〇〇万円ルールといわれる程の低額であり、諸外国に大きく遅れている状況である。法律家としては誠に情けなく恥ずかしい思いであるが、少しでも裁判実務を変えるために頑張ってみましょう」と言う。また、些細な事件で逮捕・勾留された依頼者も多く、この場合には、「米国では、三日も経てば保釈を取れるが、日本では、調書を取る都合だけで二、三日間、否認すれば保釈も無理だが、できるだけのことはしましょう」と言い、裁判官・検察官を説得しつつ、法律家不在の警察では、法とは何かを説教して回る。つまり、依頼者や裁判所に対して、外国法まで持ち出し、「外的視点」から「コミットした内的視点（裁判実務）」を批判し、少しでも「距離を置いた内的視点（改善の方向）」を創造させるべく努力をするのである。(11) 日本の良識ある弁護士の多くは実務に批判的であり、その思考・姿勢には共通のものがある。

ハートは、道徳や自然法重視の考えに対して法実践を中心に捉え、ルールに従う法律実務家や市民の内的視点を重視した。(12) ラズはこれを進めて、弁護士・法学教師にはコミットしない「距離を置いた視点」があることを指摘した。(13) 確かに、欧米のように、弁護士・法学教師が裁判官・役人に対して影響力があるか又は指導性が発揮される世界では、正当かつ有効な位置付けといえる。しかし日本では、司法・行政の実務の厚い壁の前で、弁護士・法学教師は影響力を顕在化させえないでおり、その努力にもかかわらず、大勢においては「距離をおいた内的視点」の確立はなしえず、統合としての法学は形成されて来なかった。

四　統合的法学の展望

右のような暗い時代に対して、現在では、統合的法学の確立に向けて、明るい未来が開けつつある。過去において、「外的視点を中心とする法学理論」と「コミットした内的視点の実務」の統合がなしえなかった理由については、次の田中成明教授の三つのモデルの総括から示唆される。「わが国の法システムや法文化の『法化』は、著しく管理型法に偏った形で進行し、社会レベルでは、義理・人情などの個別主義的な『反＝法化』の契機が根強く残存し、普遍主義型『法化』は阻止され、自治型法が自生的に形成される市民社会的基盤の成熟は遅れた。一般の人びとの法イメージにおいても、私法や民事裁判よりも公法・刑法や刑事裁判が圧倒的なウエイトを占めていた。[14]」

分かりやすくいえば、肥大化した国家権力の恣意的運用がすべてに優先し（行政法規の優越）、その結果、個人や企業の権利を保障する憲法・民商法などの近代法が形だけ輸入されたものの、[15] 十分に機能するまでに至らず、また、自然発生的な自由への希求が権利保障までに結実されることはなかったということである。結局、律令法体制、幕藩体制、明治中央集権体制を引き継ぐ強固な管理型法を形成する行政と司法が日本の法実務であり、この中へ欧米の法学研究の成果を注入することは極めて困難だったという歴史的限界があった。しかし、歴史は大きく転回し、社会構造の変動を生じているので、次のとおり統合的法学の可能性は高まっている。

① 経済的規制の大幅な緩和、経済活動の市場経済化に伴い、欧米の法理論の実務への適合性は高まってきた。欧米社会をモデルとした近代経済学が日本の規制市場に適合しなかった歴史を超えて実務に影響を与える地位を得つつあるのと同じといえる。

② 冷戦の終焉、社会主義勢力の弱体化に伴い、管理型法の柔軟化も可能となっている。また、基礎法学において「否定的視点」を持っていたマルクス主義思想の歴史化に伴い、実用法学・実務法学の側で基礎法学の成果を受け入れやすくなっている。

③ 平井宜雄教授、阿部泰隆教授等の法政策学の出現と発展は、実務法学に対して基礎法学の成果を注入する回路として、法創造への積極的手法として画期的な成果をあげつつある。[16]「距離を置

いた内的視点」の確立に大きな貢献をするばかりか、管理型法のソフト化・科学化・正当化等に大きな寄与をするものといえる。

④　前記普遍主義型法の未発達についても、今後の展望は必ずしも暗くはない。第一に、市民同士の争いである市民紛争型訴訟であり、一定の成果が形成された[17]。第二は、行政や大企業を被告とする権利形成型訴訟であり、権利のための闘争を通じて、被害救済及び権利の形成等に弁護士(会)の大きな役割が果たされた。いずれも日本における法創造を発展させたが、特に権利形成型訴訟においては、弁護士による活動が、常に外国法を参考としつつ、「距離を置いた内的視点」からの絶えざる追求であった。このような成果を踏まえれば、研究者と実務家は様々な被害救済、権利の創造のために迅速に協力しうる状況が作り出されているといえる。

⑤　裁判所の現状、裁判官の認識からしても、実務と理論との統合、教育改革を是認するものといえる。第一に、紛争・事件の大量化である。第二に、紛争の多様化・複雑化・国際化である。裁判所は、明らかに過重負担となって対処しきれなくなっている。人数の増加ばかりでなく、社会におけるルールの明確化、実務への理論の導入を通じて、紛争解決の迅速化・簡素化、紛争の予防・減少を望んでいる[18]。

⑥　弁護士会を中心とする法務研究財団(新堂幸司理事長)の発足は、実務と研究の統合のための実務の側からの働きかけとして歴史的意義を持つこととなった。

五　法創造学強化の教育

法創造学の強化とは、実定法の枠を柔軟に解釈して、または法の欠缺を補充して、人権・正義・公正・効率を守り、迅速に被害者を救済していくことである。従前の日本では、制定法に拘束されるとの建前を取りながら、実際には法の恣意的運用がまかり通ってきた。最悪の制定法実証主義であった。そのため、公害・薬害・消費者被害等の救済は常に後手に回ってきた。罰せられるべき者（暴力団等）は放任され、無辜の民が罰せられてきた。今こそ欧米における法創造の歴史と高度の法学教育に学ぶ必要がある。(19)

① 英米の法学教育においては、「法律家のように考える」(thinking like a lawyer) 能力を育てるというが、その意味は何であろうか。コモンローの発展、法の創造の歴史を学ぶことを通じて、創造的思考の訓練をすることといえる。松浦教授は、「コモン・ロー的思考方法の特徴は、裁判官を含めた法律家を法のルールに厳格に縛り付けるところにあるのではなく、無原則な場当り主義という非難を回避しつつ、具体的な事実に即した問題処理を可能にするところにある。具体的な事実関係は、先例中に現れる一般的な言明や主張を現在の事件に不当に拡張することを制約すると同時に、限られた範囲で裁判官や法律家による法創造も可能にする役割を果たすのである」

と説明される。[20] プラグマティズム法学、リアリズム法学、批判的法学の歴史は法教義学からの解放を意味し、理論の影響を受けた実務においても、「責任の爆発」又は「法の爆発」と称される創造的現象を起こした。[21]

右の強固な創造性を基盤としつつ、米国ではケースメソッドばかりでなく臨床的法学教育もなされ、[22] 英国ではコア課目のカバーとスキル訓練がなされ、[23] 理論の実践化の努力がなされている。

② ドイツの法実務と法学教育においては、日本の要件事実教育よりさらに厳格な包摂技術（事実関係を法規の下に包摂するもの）が重視されている。[24] 法の自立性を維持し、裁判官の恣意的自由を制約するためである。しかし、ドイツにおいても、自由法運動を始めとして、法教義学や法実証主義の克服の歴史をもった。青井秀夫教授は、法律学的ヘルメノイティクの紹介において、「契約締結上の過失、積極的債権侵害等の夥しい新しい法理の形成が自由主義国家から社会的法治国家への法発展の推移とも関係しながら、裁判官の手によって成し遂げられている」、「今日妥当している私法、特にその総論及び債権法は、法典からは最早読みとることができなくなっている」、「裁判官をして自動包摂機械から解放し、実務に対する内在的批判の視点を獲得し、教義学的な隠れ蓑の下から万民法を帰納的に発見することができる」と言われている。[25] また村上淳一教授は、「連邦裁判所は、どうみても条文のテクストから離れた大胆な解釈により憲法違反を宣言した」と紹介される。[26] すなわち、法規に対する強い拘束性を意識しつつも、法の欠缺補充、判例による

法形成、体系性の確保等に傾注し、[27] 実務と理論の統合に挑んで成功し、[28] 法学教育の体系性・実践性は極めて高く、[29] それは司法試験と結合している。[30]

③ フランスの法学教育の特徴は、実務とは一定の距離を置いた学問的教育（理論的教育の優位）である。隣接諸科学や法史学を中心とする基礎法が尊重され、各実定法についても歴史的考察が最重視されている。[31] これにより、法の創造過程を修得する。その後、大学院では著しい専門分化があり、さらに司法修習・研修弁護士では、創造的精神を維持しつつ実践的訓練を受ける、という理想的プロセスを経る。（にもかかわらず、最近の状況について、民法学者・法哲学者アティアスはフランス私法界を覆う法実証主義を批判し、法律家共同体が主体的に制定法・判例の優位を乗り越え、自らの法的実践により、より良き法を創造することを主張している。[32] 日本よりはるかに革新的といえる。）

④ 日本では、欧米に比して憲法・行政法・刑（訴）法の分野での法創造機能が麻痺してしまったことは、論ずるまでもない。平野龍一博士は、「わが国の刑事裁判はかなり絶望的である」と実務を批判された。[33] 河野氏誤認事件、安田弁護士の違法な長期拘留、寺西裁判官への言論弾圧等が次々と続いている。民商法の分野では、消費者被害が大量に発生しているのに、救済は一向に進まない状態である。

これに対して、法解釈学論争の対象となった利益較量論は、解釈の際に価値判断を取り入れたため、歴史的には法教義学から法創造学へ踏み出したものと評価できる。すなわち、正義・公正・予防等の価値の指標をもって被害者や弱者の立場を十分に把握して比較較量すれば、実務を創造的に改善できたはずである。つまり、基礎法学・隣接科学の知見、社会実証主義的手法を導入して、分かりやすく説得的な理由付けをもって創造的な結論を導くべきであった。しかるに、利益較量論は、民法の教義学の方法論に止まったため、社会実態を明らかにするプロセスや価値の根拠付手続を省略して、「結論は各人の価値判断による」との弊害を生み出すに至った。これが法学教育・法曹教育・実務に与えたマイナスは大きかった。平井宜雄教授が、利益較量論は法学教育の弊害、非合理主義を生み出すと批判し、議論の必要性、反論可能性の重要性を強調されたのは、正鵠を射ていた。[34]しかし、右指摘に加えて、星野英一教授らも言うように、社会実証主義・社会学的分析の手法、比較法、法と経済学・政策学の知見等を解釈学に持ち込むことこそが利益較量論を発展させる道である。[35]

実務家として日本の法創造に多大な貢献をされてきた大野正男元最高裁判事も、条文解釈中心の法学教育を批判しつつ、社会の中の裁判の役割を理解することこそが法を学ぶことだと強調される。今や実践に移すときである。

六　法学教育と司法試験

前記の理想を達成するには、左記のような改革を要すると考えられる（法学部三年・大学院三年の組み合わせもあり得る)。

(1)　法学部四年（一〇五頁の図の基本法学）

法律解釈学（法教義学）中心の教育を大幅に改めるべきである。大教室における実務追随型法教義学の講義ほど、法学教育を無味乾燥にしているものはない。法学教育にリベラル・アーツ教育を融合させ、次の四分野とすべきである。①「法理学・法哲学・法史学」は、哲学・歴史学・思想史に連動させる。②「外国法」一科目を外国語教育を兼ねて四年間継続履修させ、一外国語を完全にマスター（読む・書く・話す）させる。[37]③「法政策学・立法学」を（法と）経済学・（法）社会学・政治学と有機的に関連させる。④「法解釈学・実定法学」については、基礎法学・外国法・法政策学と有機的関連をもって教育する。

(2)　法科大学院二年（一〇五頁の図の統合的法学）

大学院では、外国法一科目の原語学習を継続すると共に、実務を吸収しつつ実用法学を中心に、法律専門家になるための厳しい訓練がなされるべきである。六法・特別法・国際法の広い分野を深く教育する。実定法・判例に対する批判的検討を通じて、中長期的な法の改革の可能性を研究する。例えば、制定意義についての批判的検討、法の解釈・運用についての批判的検討、将来の立法についての批判的検討、現行法への隣接科学からの批判的検討、現行法への外国法からの批判的検討、現行法への日本法史からの批判的検討、現代的課題に対する検討等である。以上の教育のためには、教師の内

二、三割を実務家（特に弁護士）から登用すべきである。

(3) 司法試験の改廃

大学院入学試験、司法試験は、原則として試験内容は授業内容と一致させるものとする。右試験のやり方によっては、合格者の格差の発生、法曹資格取得の不平等が生じかねない。これに対しては、第一に、すべての大学院により構成する試験委員会により管理させることが考えられる。第二には、大学院卒業生に対して、弁護士会の試験により研修弁護士の資格を認定することが考えられる。いずれも、司法試験法の改廃を要する（なお、他学部及び社会人の大学院入試は一〜二割別枠とすることを妥当と考える）。

(4) 臨床的教育等

大学（院）において、裁判傍聴、模擬裁判、法律相談、インターンシップにより実務に触れることは重要である。なぜならば、法の生の素材に触れたり、一つの紛争に様々な法律が絡んでくる事例を解くことは、法を具体的に理解する助けとなる。しかし、米国のように実務が常にダイナミックに前進してきた所ではコミットする価値が高いが、日本では、常に批判的に現場実務を見させ、その問題点を指摘することを忘れてはならない。また、法学教育において、ゼミナール、ソクラティックメソッド、紛争解決法、レトリック流法律学習法(39)等は重要である。これらへの積極的参加が前記入学又は成績評価に反映されるよう工夫すべきである。

(5)　研修弁護士二年（一〇五頁の図の臨床法学）

現状の実務を把握して紛争解決を実践すると共に、中短期的な実務の改革の可能性を研究する。判例分析、訴訟関連起案、訴訟手続、弁論技法、法律相談、交渉、契約、法曹倫理等を実践的に履修する。実務法学は、本来、臨床法学として行うのが望ましいので、弁護士と同等の権限の付与された研修弁護士（二年）として実践するものとする。法科大学院構想において研修弁護士をセットにするのは、カナダの制度に似ている。(39) しかし、三年から五年の高度の法学教育と一、二年の実践的修業は、欧米各国すべて共通といえる。弁護士としての法の実践は、裁判官・検事・研究者・行政官・企業人等の予定者にとってはより貴重な経験といえる。

七　大学（院）訪問の成果

法曹養成二弁センターでは、現在までに文部省・都下一一大学・京都大学との意見交換を終え、近々「第二次中間報告書」を公表する予定となっている。右訪問の結果、約一〇年にわたる法曹養成制度改革のもたらした弊害を目のあたりにし、本稿の提言が誠に正しいものであると確信した。すなわち、司法試験合格者若年化策は、減少した試験科目について、狭い教義学的思考だけで合格する結果をもたらし、これに適合的な予備校の隆盛は法学部教育を空洞化させた。立花隆氏の重視されるリベラル・アーツ教育は死滅したといってよい。[40]学生らは、基礎法学・隣接科学も必要としない。また、充実化を目指してきた大学院においては、研究者養成コース（外国法研究）、司法試験対策コース、高度実務コース（社会人教育）の三つに事実上大きく分裂してしまった。誠に悲惨な状況といえる。

これに対して大学側は、将来構想として、大学院入学者を増加させるとともに、大学院を卒業すれば八〜九割が法曹資格を得られる制度に改革することが最も重要であると強調する。筆者もこれについては賛成だが、大学院生の数を増加させるとともに質を向上させるには、完全に市場原理に任せるのではなく、医学部と同様に、大学院入学時の競争試験によるコントロール、在学中の高度な教育と試験の実施、司法試験の適切な管理が必要といえる。

次に、大学側は、法科大学院構想について、実務を教えるスタッフやノウハウが乏しいと声を揃えて訴える。しかし、実務追認型の教育であれば、実務家を集めるか、法学教師を訓練すれば、それほど困難なことではない。問題は、改革的実務法学（実務を批判的に理論化すること）を提供しうるかである。実務家は、実務に批判的視点を持っていても、知識の面でこれを容易に理論化するだけの余裕はない。研究者の方も、実務追認の解説をなし得ても、実務改革へ向けた自信のある意見をなかなか出しづらいといえる。[41]このような状況において、大学院における法学専門教育とは、研究者と実務家の協力の下に改革的実務法学に向けての教育、創造的な思考の訓練を可能にする教育を始めることにより形成されるのである。

八　結　語

司法研修所における法曹三者の統一修習はその歴史的役割を終えることになり、統合的法学の成果を徹底的に注入する大学院教育、これにより形成された創造的精神を法実務にぶつけていく研修弁護士制度に特化していく。法曹一元を展望するならば、研修弁護士制度は不可欠のものとなり、また弁護士会研修センターを育成すべきこととなり、司法研修所廃止の方向へ拍車がかかる。

日本の裁判所・法務省は行政・大企業を保護し過ぎてきた。その結果が今日の行政・大企業の自己崩壊の状況といえる。しかし、経済学のいう「市場の失敗」を復元させたり、市場を合理的にコントロールする官僚の役割はますます高まっており、また市場ルールの形成に参加すべき企業人の育成も急務といえる。今後は、法律家が行政・企業の重要な機能を担うことになり、法曹三者を特別視する時代ではない。それ故、将来は、法曹三者、研究者、行政官、企業人がいずれも研修弁護士という共通の経験を経て、それをステップに人事交流を深めていくべきである。法哲学者ハートが一〇年以上弁護士等の経験を持ち、法と経済学の先駆者ポズナーが、ロークラーク、ＦＴＣ勤務、教授、裁判官を経験していること等を参考にすべきである。

本稿では、実務と研究の統合による教育、及び基礎法学と実務法学の統合による実用法学の確立を主張した。しかし、その根底には、自然法思想と法実証主義の統合ばかりではなく、欧米法とアジア文化の統合、日本型権力と市民参加の統合等の大きな課題がある。それ故、ロナルド・ドゥオーキンの「統合としての法」の実現よりも課題は重く、その歴史的意義はさらに大きい[42]。法科大学院、研修弁護士の構想は「法の帝国」への不可欠の第一歩といえる。

（1）遠藤直哉「法曹一元を伴う研修弁護士制度創設に向けて」ジュリスト一一二九号（一九九八年）七〇頁以下。
（2）大学審議会平成一〇年一〇月二六日答申「二一世紀の大学像と今後の改革方策について」七〇頁、自民党司法制度特別調査会報告書（一九九八年六月一六日）。なお「経団連、『司法制度改革についての意見』をとりまとめる」NBL六四二号（一九九八年）四頁。
（3）柳田幸男「日本の新しい法曹養成システム（上・下）」ジュリスト一一二七・一一二八号（一九九八年）。
（4）矢口洪一「『法曹一元』の制度と心」自由と正義四九巻七号（一九九八年）二〇頁。
（5）田中成明「法曹養成制度改革と大学の法学教育」京都大学法学部創立百周年記念論文集第一巻（有斐閣、一九九九年）五三頁。
（6）法曹養成二弁センター委員長飯田隆他「法科大学院（ロースクール）問題に関する中間報告書」（一九九八年一〇月）。
（7）同趣旨の指摘として、磯村保「日本民法の展開(4)――学説の果たした役割」有斐閣『民法典の百年』

I（一九九八年）五四七頁。

(8) 同趣旨の指摘として、井上治典「法学部における民事訴訟法の教育はどうあるべきか」ジュリスト九七一号（一九九一年）一二八頁。

(9) 田中成明『法理学講義』序論・第一四章・第一五章（有斐閣、一九九四年）、岩倉正博「法教義学と法探究学――フィーヴェクの法学観研究ノート」民商法雑誌八二巻二号（一九八〇年）一四六頁以下、中山竜一「二〇世紀法理論のパラダイム転換」岩波講座『現代の法』15（一九九七年）七五頁以下。

(10) ただし、大学教育では「コミットした内的視点」に徹しきれない面もあり、司法試験予備校の隆盛を招いている。

(11) 視点の統合化の例として、遠藤直哉「取締役の賠償責任の分割軽減化」商事法務一四一二・一四一三・一四一五号（一九九六年）（一九九六年学界回顧・法律時報通巻八四七号一〇五頁）。

(12) H・L・A・ハート（矢崎光圀監訳）『法の概念』第四・五章（みすず書房、一九七六年）。

(13) J・ラズ（深田三徳訳編）『権威としての法――法理学論集』II法的妥当性（勁草書房、一九九四年）。

(14) 田中・前掲（注9）一〇〇頁

(15) 但し、欧米法の重要な条文は導入されなかった（例えば、損害発生の裁量判断を許す独民訴法二八七条又は米国の起訴前保釈制度の不採用等）。だからこそ、立法者意思説をとるべきでなく、創造的解釈を必要とする。

(16) 平井宜雄『法政策学（第二版）』（有斐閣、一九九五年）、阿部泰隆「政策法学の基本指針」（弘文堂、一九九六年）。

(17) 訴訟・調停だけでなく、弁護士会のＡＤＲも発展した。原後山治「弁護士会のあっせん・仲裁センターの現状とＡＤＲ機関・裁判所の機能充実方策」月刊民事法情報一四四号（一九九八年）。
(18) 一九九八年私法学会シンポジウム「民法一〇〇年と債権法改正の課題と方向」（別冊ＮＢＬ五一号）における加藤新太郎判事の発言（「事件の現代的複雑化に伴い、実務の側は各報告で提示されたような理論を必要としている」）。
(19) 田中成明ほか『法思想史（第2版）』（有斐閣、一九九七年）。
(20) 松浦好治「アメリカ型積極国家とリーガル・リアリズム」法哲学会年報「二〇世紀の法哲学」（有斐閣、一九九八年）二四八頁。
(21) 内田貴『契約の再生』（弘文堂、一九九二年）四二頁、棚瀬孝雄編『現代法社会学入門』（法律文化社、一九九四年）七六頁。
(22) パトリック・ディルジャー（宮澤節生監訳）「行動するロースクール――イェール・ロースクールの臨床教育プログラム」神戸法学雑誌四六巻第三号（一九九六年）。
(23) 住吉博「学生はいかにして法律家となるか」第八・一〇章（中大出版部、一九九八年）。
(24) 村上淳一『現代法の透視図』（東大出版会、一九九六年）一〇一頁以下。
(25) 青井秀夫「現代西ドイツ法律学的方法論の一断面」法学研究三九巻一号（一九七五年）一一七〜一三二頁。
(26) 村上・前掲（注24）五頁。
(27) 藤原正則「法ドグマティークの意味と背景」日本私法学会シンポジウム「転換期の民法学――方法と課題」私法六〇号（一九九七年）二六頁。
(28) ペーター・アーレンス（吉野正三郎訳）「学説と実務の日独比較」ジュリスト九七一号（一九九一年）

九二八頁、ペーター・ギレス（松浦・上野訳）『法曹教育と民事手続法』（弘文堂、一九九一年）。
(29) 吉野正三郎「法学教育の現状と改革」ジュリスト九七一号（一九九一年）一三三頁。
(30) 藤内和公「ドイツ・ブレーメン大学における法学教育」ジュリスト一〇二六号（一九九三年）一〇四頁。
(31) 滝澤正「フランスの法学教育」判例タイムズ四六〇号（一九八二年）三五頁。
(32) 大村敦志『法源・解釈・民法学』（有斐閣、一九九七年）八五～八九頁。
(33) 平野龍一「現行刑事訴訟の診断」団藤博士古稀祝賀論文集四巻（一九八五年）四〇七頁以下。
(34) 平井宜雄ほか「法解釈論と法学教育」ジュリスト九四〇号（一九八九年）一四頁以下。
(35) 星野英一「議論と法学教育」民法論集第八巻（有斐閣、一九九六年）一六四～一七九頁、瀬川信久「民法解釈方法論の今日的位相」前掲注27七頁以下。これに対して、吉田邦彦「現代思想から見た民法解釈方法論」北大法学論集四七巻六号（一九九七年）一七〇頁は、日本では社会実証主義的思想の浸透があったといわれるが、マルクス主義を除けば一部の研究者の間でのことに過ぎず、一般には悪しき法実証主義が蔓延してきた。
(36) 大野正男『社会のなかの裁判』（有斐閣、一九九八年）九～一五頁。
(37) 吉野・前掲（注29）一三二頁。
(38) フリチョフ・ハフト（平野敏彦訳）『レトリック流法律学習法』（木鐸社、一九九八年）。平野教授は理論と実務の統合を主張し、判例追随を批判される（同書二八七～二九五頁）。
(39) 飯塚宏「カナダの法曹養成制度」判例タイムズ八一四号（一九九三年）八四頁以下。
(40) 立花隆「知的亡国論」文藝春秋一九九七年九月号一七六頁、同「私の東大論Ⅰ～Ⅶ」文藝春秋一九九八年二月号〜一九九九年五月号（続）。

（41）　実務家が「学者の言うことは役に立たない」ということは、外国法等は直接すぐに役立たないという一方、実務追認の解説はとりあえず役立つが、実務を改善するにはすぐには役立たないということである。

（42）　ロナルド・ドゥオーキン（小林公訳）『法の帝国』（未来社、一九九六年）、内田貴「探訪『法の帝国』」法学協会雑誌一〇五巻三号・四号（一九八八年）。

（補記）　本稿は、前掲の重要な文献から多くを学んだ成果であるが、実務家としての経験的知見の理論化でもある（クロム禍訴訟・消費者訴訟、人権活動、米国アスベスト訴訟研究、新人弁護士・司法修習生の教育、私法学会・民訴法学会等への参加等）。

第三章　法理論教育と法実務教育

一　はじめに

司法制度改革審議会は平成一二年四月二五日、「法科大学院に関する検討にあたっての基本的考え方」を示した。法科大学院における教育理念は、「法科大学院における新たな法曹教育のあり方については理論的教育と実務的教育を架橋するもの」とし、「法科大学院における教育は専門的な法知識を確実に修得させ、それを批判的に検討し、また発展させていく創造的な思考力を育成し、新しい社会のニーズにこたえる幅広くかつ高度の専門的教育を行うとともに、実務との融合をも計る教育内容とする」という。当初のロースクール構想が法曹増員を主たる目的として提言されたのに対して、筆者はむしろ、実務・研究・教育の統合・融合を目指す法科大学院構想が重要であると主張し、研究と実務の甚だしい乖離に伴い、法学教育が歪なものとなるので、これを改善するために併せて現行司法試験を廃止することを提言した。[1]このような考え方がもっとも重要な理念となってその後、右の基本的考え方に見事に凝縮されるに至った。しかし、この一年間の法科大学院シンポジウムにおける討議をみると、理論と実務の統合・融合の具体的方策は何かが新しい課題として立ち現れていると言わざるを得ない。今や、この課題の困難性を改めて認識することこそが、逆に法科大学院を成功させる確実な途であり、関係者の相互理解に基づく協力関係を強めることとなる。

二　研究―教育―実務の「連続・連関」

日本においては諸外国に比較してなぜ理論と実務の乖離が甚だしいのか。

筆者は法科大学院構想の目的を「研究・教育・実務の統合または融合」とし、この理想に向かって制度改革をするべきことを主張したが、当然にこの意味はその同一化を意味することではなく、研究・教育・実務がなだらかに連続することを意味している。研究（学理）と実務が相互交流するのが理想といえる。バランスを失すると、実務優位、研究優位、二者の乖離があり得る。これに応じて法学教育・実務教育も、実務優位になったり研究優位になったり又は分裂現象を起こすといえる。例えば米国においては一九世紀に、資本家の支配を意味する古典的自由主義を軸とする実務が優位した。また、第二〇世紀前半にかけて、プラグマティズム法学・リアリズム法学による研究が優位した。

次大戦後、製造物責任をめぐる陪審などにおいては実務が優位し、社会をリードしたともいえる。ドイツにおいても、裁判官が進歩的であり、研究者がこれを整備・体系化するという意味では実務優位といえる。しかし、諸外国では、研究と実務の交流がなされ、時代により指導性に若干の差がつく程度であり、学説と実務の完全な乖離という現象はなく、そのような表現や用語もないと言われている。(2)

日本においては、西欧法の輸入時に研究者の指導性は認められるものの、主調低音ともいうべき実務が力を失うことなく、いわゆる管理型法が続いた。つまり、ボアソナードのフランス法、レースラーのドイツ法等を導入したものの、明治憲法、教育勅語の時代には反人権的実務が優位した。その後の我妻民法を中心とするドイツ法の輸入も、公害・消費者被害等の救済についての実務改革をするに至らなかった。戦後、刑事訴訟法・労働法の分野において新たな方向へ踏み出したが、その後社会主義運動の高揚とともにマルキシズム法学が力を得ると、いわゆる司法反動化により、その他の民主主義思想も排斥され、実務が研究を極端に拒否するという状況を生み出してきた。しかし、ここ二〇年間、学会における研究の成果は目覚ましいものがある。特に、陪参審を持つ法先進諸国の法思想・法制度が溢れんばかりに研究の分野に充満してきた。(3)その結果、教育においては、「研究者が自己の研究を発表する場としての講義・ゼミ」、「実務中心の内容を試す司法試験に傾く教育」、そして「司法研修所の裁判・検察を中心とする実務にコミットした教育」の三つに大きく分裂してきたといえる。

二　研究—教育—実務の「連続・連関」

しかるに、現在日本はグローバリゼーションの中で大きな構造改革に向かいつつあり、今や研究・実務の乖離は許されず、これに伴い法学教育・法曹教育も大きく改革しなければならない状況となった。特に、陪参審をもつ法先進国の法制度の研究の成果が日本法との対比の中で法科大学院で議論されるならば、日本の実務に与える良い刺激は計りしれないといえる。

三　法形成・法改革へ向けた努力

「研究、法学教育、法曹教育（実務教育）、実務」は、過去・現在の法を前提として将来の法を展望し、法を形成・改革していくものであることに変りはなく、改革の幅・大きさ、改革実現の時間、改革の手法が異なるにすぎない。教育とは研究が実務を改革するツールであり、法形成の転轍機である。以上については特に現代日本において極めて重要である。すなわち現在、規制緩和、グローバリゼーション、構造改革、地方分権が進展している。経済の変動、社会の変動とともに法は常にこれらを支え、リードし、人々の生活の安定を確保しなければならない。

換言すれば、日本経済は後進国型から先進国型へ、あるいは高度産業社会、情報化社会へ入りつつある。しかるに、これを支えてきた法システム、法実務は、いわゆる管理型法（後進国型官僚制度、行政法規・行政指導中心、司法の行政への従属性等）であり、これを容易に変革しえない状況となっている。一部の学者を除けば日本の広義の法曹（実務家、学者、公務員）は、明治以来の輸入立法を法律家として表面上理解し、受け容れたにすぎず、西洋の法の形成過程（社会・経済変動にあわせた法の形成）まで深く学ぶ余裕はなかった。ある特定の分野について、各人が深く調査し、知識を有することはあっても、日本の社会変動に大きく合致させる法形成はなしえず、常に後手にまわり、対症療法的な場当り的立法・解釈で対処してきた。

法形成とは、立法とともに、日々の法の新しい運用、新しい解釈論の提示を必要とする。法の運用に携わる者、法実務を動かす多くの者が法形成の意義について十分な知識と理解力をもつ必要がある。法の運用、法の解釈は、固定的なものではなく、いわば前向きに変動していくものである。古い判例は常に乗り越えられる対象となる。人々の生命、生活、平和、経済活動を守ることが優先されるべきで、国家秩序はその目的のために維持されることとなる。

以上のような意味で、法は日々改革されなければならない。法学教育、法実務教育の基本的視座は、現在までの法を理解し、将来の法を展望するものである。このような観点からいえば、今までの法実務教育は、現在までの実務を固定的に教え込むもので、技術（スキル）教育と称して、現在の実務を無批判に受け容れさせるものであった。二弁NY報告にあるとおり、技術教育、実務教育とは、現在の技術自体を学ぶことに目的があるのではなく、常に実務を批判的に見て、新しい改革の方向を見出すため基本的スキルを身につけさせることである。(4) そのような新しい大量の法曹が生み出されることにより初めて新しい日々の改善・改革がなされうるし、多くの人々を救うことができる。

四　法実務教育のあり方

(1)　実務教育とは何かが問われてきた。法曹養成の実務教育とは、法曹としてスタートするために最低限の教育を施すことである。そして理論教育と異なることは、実務教育においては生の素材に触れること、具体的事件に取り組むこと、依頼者の事件を受任すること、すなわちlearning by doingである。依頼者の具体的事件を権限をもって扱うとすれば、当然にそれまでの準備のための教育も実務教育に入る。それは段階的な準備といえる。これについて米国を参考に説明する。

①　ローヤリング（リーガルリサーチ、文書作成、分析、討論、弁護士役割論、法曹倫理等）

②　裁判所、法律事務所、法律扶助協会などの見学（又はサマージョブ）

③　シミュレーション（仮設事例による裁判手続、交渉手続などのトレーニング）

④　エクスターンシップ（弁護士事務所、法律扶助協会、公益団体、地方自治体、企業などにおいて業務を行うこと）　但し、ニューヨーク州のエクスターンシップでは、教授が同席しないために、弁護士としての権限を付与されていない。他の州では権限を付与している例もある。

⑤　クリニック（ロースクール付属の法律事務所）　クリニックの実施は、全米のロースクールにおいて、アクリディテーションの条件となっている。学生全員に必修ではないが、学生の要求は強

く、拡大している状況といえる。学生には弁護士としての権限が基本的に付与されていて、教官が法廷で同席する義務を負うが、依頼者面接には常時同席する義務を負わない。

以上については、クリニックで学生が弁護士としての権限を付与されるために、業務に対する責任と義務が発生する。そのために準備をする①〜④についても緊張をもって教育を受けることとなる。

(2)　日本の従前の実務教育は、右に比較して極めて不完全である。

(a)　現在までの法学部教育　現在まで法学部においては、右の①ないし④の制度ですら充実していないために、学生の方で、実務についての十分なイメージをもって教育を受けることができなかった。法律相談所またはセツルメントなども一定の努力の成果であったが、必ずしも組織的なものは言えない。しかし、現状でも右①〜③までは、法科大学院でなし得る。例えば、加茂山・松浦『法情報学』などが発表され、その成果は高く評価されている。(5)

(b)　司法研修所教育の問題点　司法研修所教育においては右の理念が明確でなく（むしろ現状肯定的）、learning by doing に向かっての準備教育としても不十分である。すなわち、実務修習において修習生には権限が付与されていない。取調修習のみ権限が違法に付与されてきた。弁護士修習において接見及び依頼者との面接等は事実上行っているが、法廷における弁論、尋問等の権限が付与されていない。そのため、間延び修習と批判を受けたり、十分なオンザジョブトレーニングとは言えないと評価されてきた。若手弁護士の意見を聞くと、修習が長すぎるとか、弁護士になって一年目の方がはるかに教育が充実しているという。また、裁判修習・検察修習はもちろん、弁護士事務所の修習においても、正義と人権のために批判的に実務を見る、あるいは自由な討議の中から実務を改善するという志向の萎縮が見られる。特に司法研修所の前期・後期の要件事実教育は民事裁判における「民事確信説＋主張立証責任一致説」をとってきたので、被害者や原告に過大な立証責任を負わせる結果となり、いわばドイツ一九世紀の産業後進国のイデオロギーを教育してきたこととなった。(6) また、刑事裁判における「無罪の推定」、「検察官に合理的疑いを入れないほどの証明度を課すこと」などの教育も十分ではなかった。すなわち、裁判・検察修習においては、基本的・初歩的な知識または技術を授けるとの名の下に現代的なテーマから回避し、批判的・創造的な思考を養うとの教育もされてこなかった（それ故、弁護修習のみを法科大学院へ継承しうると考える）。

(3)　将来の構想は以下のとおりとすべきである（第二東京弁護士会法曹養成二弁センター第四次報告書と同旨）。

①　二〇一五年頃まで（第一段階）　法科大学院を三年間とし、三年目の権限付き弁護士クリニックをなしうる体制を作っていく。法科大学院付属の法律事務所を中心に、法律扶助事件、当番弁護士・国選弁護士事件を扱う。現在の司法制度改革審議会において、学生が指導教官の監督・同席のもとに権限を行使できるとの立法を行うという方向で法整備を決定しておく（但し、法科大学院を三年にしても、権限付き弁護士クリニックを実施できない大学院には三年目に弁護士会中心の弁護修

習を提供する――エクスターンシップ)

研修弁護士二年(勤務弁護士、監督者同席を要件としないもの)を作り、かつ弁護士任官者(弁護士経験二年以上)をできる限り任官させる。

② 二〇一五年頃以降(第二段階) 完全なる法曹一元の完成。判事補採用停止。判事にはすべて弁護士経験一〇年以上の者を採用する。全法科大学院(三年間)において、法律扶助協会等と提携して、権限付き弁護士クリニックを実施する。この実施状況をふまえて、権限付き検察クリニック(公判クリニック)を実施できるかどうかを検討する。

五 法理論教育の課題

(1) 基礎法学を重視すべきである。実定法課目においても、必要に応じて基礎法学の知見を利用すべきである。(7)

(2) 解釈学偏重を改めるべきである。条文解釈学を重視すると、一九世紀ドイツの法実証主義を克服できない。法の機能を重視し、条文を大胆に柔軟に解釈するような教育が望まれる。

(3) 外国法を重視すべきである。実定法課目においても、外国法や解釈論を参考としつつ教育すべきである。

(4)　日本の判例の改革に向けて、外国法又は基礎法学を利用して批判すべきである。

(5)　社会的現象、例えば消費者被害などを扱うべきである。教科書の体系性を重視すべきではない。社会構造が変化しているときに法の体系性を重視することは逆にマイナスとなる。

(6)　ドイツ法優位をやめ、英米法を重視すべきである。例えば、英米法の証拠優越準則（preponderance of evidence）は英米法の確固たる原則であるにもかかわらず、日本の学会においては未だ尊重されていない。

(7)　弁護士事務所において扱われる事案はある程度の類型があるのであり、これを重視すべきであり、めったに起こらないような事象を詳しく教育する必要性は乏しい。

(8)　教授は、米国のように少なくとも二科目を担当すべきである。また、実務への関心を常に持ち、問題解決志向をもって、実務に対して改革を提示すべきである。

(9)　最近の平井・内田論争において、平井教授は、教育の現場で研究を中心とする部分と実務解説の部分が分裂をしてしまっている状況を問題視している。平井教授の言われるように、この分裂状況を統合して新たな法律理論を構築しなければならないが、新しい法科大学院ならば、教育の現場で研究の成果（新たな法構築）が討論され、十分な理解の下に実務に反映されることも、夢ではないといえる。

(1) 遠藤直哉「実務・研究・教育の統合を目指す法科大学院構想」自由と正義五〇巻五号(平成一〇年)。
(2) 竹下守夫『民事訴訟法における学説と実務』、日本民事訴訟法学会五〇周年記念(法律文化社、平成一一年)。
(3) 中山竜一『二十世紀の法思想』(岩波書店、平成一二年)その他。
(4) 第二東京弁護士会法曹養成二弁センター「ニューヨーク・ロースクール調査報告書」(平成一二年)。
(5) 加賀山茂・松浦好治『法情報学』(有斐閣、平成一一年)、遠藤直哉「Book Review」自由と正義五一巻五号(平成一二年)。
(6) 遠藤直哉「証拠優越準則に基づく『訴訟と司法』の改革の方針——司法研修所教育から法科大学院教育への改革の必要性」二〇〇〇年五月一三日法社会学会ミニシンポ発表原稿(改訂版として、本書第一章「法科大学院における民事実務教育の指針——証拠優越準則に基づく新しい弁護技術と訴訟運営」)。
(7) 星野・田中『法哲学と実定法学の対話』(有斐閣、平成元年)。
(8) 平井宜雄「内田貴教授著『契約法学の「再構築」をめぐる覚書』を読んで(上・下)」NBL六八九号・六九〇号(平成一二年)。

第四章　米国・カナダの法曹教育の発展

一　はじめに

筆者は、一九九九年から二〇〇〇年にかけて、弁護士会の調査団の一員として、米国・カナダの法曹養成の実情を四回にわたり調査してきた。(1)米国・カナダにおける法学教育の広がりと充実には目を見張るものがあり、またその積極性には驚くべきものがある。これに対して日本の実情や議論がいかに遅れたものであるかを痛感した。

そこで、調査の詳細は調査団報告書に譲ることとし、最も印象的であったことをお伝えすることとする。

二　米　国

(1)　ミシガン大学ロースクール（日弁連デトロイト陪審裁判調査団）

証拠法・法社会学の権威であるレンパート教授の陪審の講義を受ける。

ロースクール内の法廷で二年生のシミュレーション（模擬裁判）を見学した。事件は、スーパーマーケットで強盗をして数時間後に逮捕された者が起訴されたものであった。日本の修習生が行う模擬裁判に非常に似ているが、次の二点で全く異なっていた。

①　陪　審　学部学生一二名が陪審員を務めていた。実務弁護士が裁判長となり、冒頭に「被告人には無罪の推定があり、合理的な疑いを抱かないほどの証明（beyond a reasonable doubt）が必要である」と明確に告げていた。

②　無罪判決　三時間に及ぶ裁判は絶対的な決め手がなかったため、微妙な案件であった。しかるに、陪審員はごく短時間で無罪の結論を出した。右冒頭の裁判長の説明が基準になっていると思われる。

デトロイトの民事陪審を見たとき、裁判長が冒頭で、「民事事件では証拠の優越（preponderance

of evidence）に従って事実認定をして下さい。刑事事件では合理的な疑いを抱かないほどの確信によりますが、民事事件では当事者は対等であり、証拠の優越によります」と明確に説明をしていた。米国のように良き実務を学ぶ実務教育は素晴らしいし、スムーズに実施できるが、悪しき実務を前提とする日本の実務教育のあり方をどうするのかが課題であると感じた。例えば、日本でも模擬裁判の冒頭に、本訴訟では証拠優越準則で行うとの宣言をして開始したいものだが、それができるかどうかという問題である。

(2) ハワイ大学リチャードソン・ロースクール（日弁連「百聞は一見に如かずツアー」）

米国では、ロースクール開設は、極めて少人数の学生で始められる。例えば、ワシントン大学ロースクール（シアトル）は、一九〇一年に一四人の学生でスタートした。ハワイ大学ロースクールは、一九七三年に五三人の学生、六人の教員でスタートした小規模ロースクールであり、現在、一学年約七〇名である（ちなみに一学年の学生数は、ミシガン大学約三〇〇人、ニューヨーク大学約四五〇人、ハーヴァード大学約五三〇人である）。教員は約一八人で、各人が二～三科目を教える。学生のうち、アジア系が六五％いるため、極めて国際色豊かである。裁判官、弁護士、陪審員も国際色豊かであり、陪審法廷を見ていると、まことに開かれた社会であると思った。

小規模ではあるが、充実した教育で成功した例であり、特にハワイ唯一のロースクールとしてその存在価値は高く、裁判官、弁護士との密接な協力関係を築いていることに誰もが素晴らしいハーモニーを感じた。

(3)　ABA法曹養成セクション・インディアナ大会

ハワイ大学リチャードソン・ロースクールのディーン、ロレンス・フォスター教授から、インディアナ大会への参加を呼びかけられた。この大会は、二五年にわたりコンサルタントをしてきたジェームズ・ホワイト教授の功績を称えるものであった。全米のロースクールのディーン、裁判官、弁護士、ABA次期会長などが多数参加した。学者もABAのメンバーであり、学者を含めた「広い法曹一元」というべき仲の良い広がりは、誠に羨ましいものであった。ABAは「女性・マイノリティの法曹を増加させてきた。教員と生徒の比率を改善した。臨床教育を発展させ、これをアクリディテーションの条件とした。海外のエクスターンシップをアクリディテーションとした」と報告された。高名な人々が多様性（diversity）、マイノリティ法曹拡大等を訴え、さらには現状の改革を強調する状況は、壮観なものであった。

(4)　ニューヨークのロースクール（二弁ニューヨーク・ロースクール調査団）

(a)　ニューヨーク大学ロースクール

マースキー教授（臨床教授）が地下鉄に乗って我々を連邦裁判所の現場に案内し、学生の業務（刑事弁護クリニック）を見せてくれた。教授は学生五～六名を監督する。学生は日頃から教授に十分指導され、準備をしているせいか、自信を持って次々と被告人の相談にのって事件を処理していった。他大学の検察官役の学生もおり、この場合には担当検察官と教授が両名立ち会うとの方式である。

ニューヨーク州に限らず米国では、裁判所規則により、学生が法廷に立ち、弁論や証拠調べをする。現実に教員はそばにいるだけのことが多い。また、死刑事件の弁護等の重要案件も扱っている。

マースキー教授は、「法は神秘的なものではない。人々が法にアクセス可能であることを示すことが重要である。臨床教育の重要性は、法実務を知り、法の改革をどのようにしていくかであり、その改革を生み出す役割を臨床教育の学生・教授が担っているのである。自分の考えている学問は、black letter law（条文や判例又は確定した基本的法理）についての学問を意味しているのではない」ことを強調した。

二　米　国

アップハム教授は、訟務検事として消費者保護を担当したのち、日本法の教授となる。しかし、他方で財産法も教えている。「米国では判例の欠点を常に検討し、判例や法令を常に変えられるよう考察する。判例の先例拘束性は事実上存在しない。臨床教育の教授は一般的に貧困な人々に暖かい気持を持つ人である。米国のロースクールの学生は公益活動や社会運動に興味を持ち、それにより法律に関心を持つようになっている。」

次に、ローヤリングの授業を見学した。一年生の約一〇人のクラスで、懇切丁寧な指導を受ける。リサーチ、文書作成から、弁護士が双方代理に悩むこと等の、広範な弁護士の役割論までを検討する。

(b)　ニューヨーク・ロースクール（単科大学）

一学年四〇〇名、昼間・夜間のロースクールである。学生の内二分の一が夜間生である。夜間の社会人の学生は、目的意識が明確で、かつ弁護士になる意欲が強いため、成績も優秀であるとのことであった。ABA認定ロースクール（一八二校）の内、夜間ロースクールは一一五校に上る。

(c)　ニューヨーク市立大学ロースクール（CUNY）

一学年約一四〇名の新しいロースクールである。クリニックとエクスターンシップ（外部委託）が全員に必修となっている。全米でもこれらを必修にしているのは、その他ではニューメキシコ・ロースクールである。三年次の実務訓練に向けて、一年・二年のときに目的意識を持って勉強をすることができる。クリニックの各教室では約一〇人の学生がシミュレーション（弁論、申立準備等）で議論していた。学生は、十分な訓練を経て、簡易な生の事件を現実に処理していく。学生は貧困者のために熱心に準備するので、裁判官の対応も良く、勝訴することも多い。弁護過誤は全く問題とならなかった。学生は公益活動を目指している者が多く、実に堅実な校風である。ハワイ大学と同じく、入学選考には学生代表が入っている。

⑸　ＡＢＡ本部（日弁連米国・カナダ・ロースクール調査団）

米国の法曹教育の歴史は、徒弟教育、ロースクール（一八七〇年ハーヴァード大学）、エクスターンシップ、クリニック（一九六〇年代）と発展してきたが、学問と実務のギャップについて常に論争され、これについて一九九二年マックレートレポートが出され、現在までこの論争は続いている。ＡＢＡは、「生きた」事件に関する実務教育（clinic 又は externship）をカリキュラムにすることを認定条件とした。

⑹　ウィスコンシン大学ロースクール（日弁連米国・カナダ・ロースクール調査団）

トゥルーベック教授を中心とする「法と社会（law and society）」研究運動の中心地であり、このメンバーがダンカン、ケネディらと共にラディカルな社会改革を目指して一九七七年第一回批判法学（critical legal studies）会議を開催し成功させた場所として有名である。それらの影響によりロースクール教育のスローガンとして“law in action”（救済に向けた能動的法形成）を標榜している。ここでは一九七一年まで、弁護士事務所における六カ月研修を必修としていた。そのような歴史もあることから、ハーヴァードと同じく一九六〇年代から全米で最も古い充実したクリニカル・プログラムを発展させてきた。連邦刑務所及び州矯正局と契約をし、その資金を受けて、受刑者とその家族を依頼者とする大きなインハウス・クリニック（レミントン・センター）がある。量刑を争ったり、有罪を覆したり、家族法、税法、財産法などのあらゆる相談や事件を受ける。学生は公判弁論もできる。またエクスターンシップでは、検察官が同席すれば、刑事事件の公判も遂行する。

(7) ハーヴァード・ロースクール（日弁連米国・カナダ・ロースクール調査団）

全米でイェール・ロースクールとともに理論的教育で最も評価の高いロースクールである。他方、クリニカル・エデュケーションでも全米の草分け的存在である。

農民や貧民のための法律活動に関わってきた有名な弁護士であった Gary Bellow が一九七〇年頃からインハウス・クリニックを設立した。その内の一つが、大学から二〇分くらいのボストンの下町にある Hale and Dorr Legal Services Center である。この地区は、ホームレスの人、虐待された人、移民や国外退去で苦しむ人が多く、五〇％の人がヒスパニック又はラテン系住民、三〇％は英語が話せずロシア語・ハイチ語・日本語で話す者や手話をする者など多様である。

センターは、弁護士を雇えない人、弁護士へのアクセス障害のある人、教育を受けていない人、行政庁への手続もできないような人、英語もできない市民に対するコミュニティサービスを中心としている。学生達はインタビューから法廷弁論まで様々な経験を得て、予想できないほどの自立心を得られ、最高の経験であると評価し、ここは今や世界的に有名となっている状況である。トランスファラブルな（どのような職業や専門に就いても役立ち得る）教育であることが強調されている。

故人となったギャリー・ベローは次のようなメッセージを我々に残した。「すべての法曹は、人々がもっと弁護士にアクセスできる状況を作り出していく公共的義務を負う。我々は、現在の法制度が全ての人々に等しく奉仕しているわけではないという明白な事実に対する責任を負っている。」

(8) 結　論

① 高度の実務教育（少人数教育、段階的教育）
② 教育機会の平等性（連邦によるローン補助制度）
③ 法曹倫理の維持
④ 公益活動への参加
⑤ クリニックのコミュニティサービス
⑥ 学生自身の事件処理（指導者の同席）
⑦ 理論と実務の統合
⑧ 法形成・法改革への日常的努力
⑨ 高度の理論教育

最後に、ニューヨーク大学ロースクールの法哲学者ロナルド・ドゥウォーキン教授の言葉をもって米国の法の姿を示したい。

「法は自ら法を乗り越える。(2)」

日本の未来もこのように明るい発展的な法化社会になることを期待したい。

"Law School in Action"

三　カナダ

ヨーク大学オズグッドホール・ロースクール（トロント）を訪問し、マリリン・L・ピルキントン教授のコーディネートでローソサエティを含め各所を見学させていただいた。

(1)　法曹養成過程四年

大学四年には法学部はなく、その後の法曹養成過程は四年となっている。この四年とは、ロースクール二年八カ月、法曹資格付与コース（Bar Admission Course＝BAC）一年四カ月である。米国のような司法試験も存在しない（英国も同じ）のであり、BACの中で簡単なテストを数回行うのみで、完全なプロセスとしての教育となっている。BACでは、前期・後期のローソサエティの実務的教育（集合教育、シミュレーション等）もあるが、最も大きな特徴は、一年間の弁護士事務所における権限付弁護士研修（アーティクリング Articling）である。徒弟（年季）契約（articles of apprentice）を意味している。カナダは法曹一元の国であり、ローソサエティは法曹集団の中心をなす。ロースクールとローソサエティによる充実した教育というのは、世界的にみても理想的な研修といえる。しかし、近年、米国の影響によりロースクールの中での臨床教育（クリニック）が発展してきたため、ＢＡＣの改廃も含めて様々な検討が加えられるに至っている。

(2)　臨床教育

ロースクールの臨床教育は、米国と同じように、学生に生の事件を権限を持たせて業務をさせるまで発展してきた。

現状は次のとおりである。

①　シミュレーション　　模擬裁判・模擬交渉等

②　貧困者の法律問題の取扱い（Poverty Law）　約一、〇〇〇人の学生のうち四〇〇人が参加している。学生の監督は公式には実務弁護士が行うが、実際にはほとんどの監督は先輩学生が行っている。学生法律扶助協会という学生が運営する機関があり、三単位が与えられる。

③　Externship　　検察官事務所、弁護士事務所などに行き、刑事問題、移民問題、商業問題、先住民問題等を取り扱う。

④　Community（地域問題）Clinic　　学生にとって最もよいクリニックであるが、ロースクール

にとって最も運営困難なクリニックである。一学期に取得する一五単位中一二単位をParkdale Community Legal Services Programで取得し、残り三単位はゼミと論文で取得する（法律扶助協会編『カナダ・アメリカ・オーストラリアの法律扶助』に紹介がある）。

(3)　シン・イマイ教授

Parkdale Community Legal Services Clinic の責任者である。

両親は日本人の移民（キリスト教宣教師）であり、本人も敬虔なクリスチャンである。九年間弁護士をして、先住民族の権利保護、特にエスキモーの人々の問題を扱い、しばしば厳寒の地へ赴いた。その後、八年間司法省に執務してから、臨床教授となった。

このクリニックの内容は次のとおりである。

①　実務経験五年から七年の弁護士四人とケースワーカー六人で、現在四二名の学生の参加を得ている。

②　学生は、学期中、水曜日以外毎日クリニックに来て、春と秋に一二単位が与えられる。

③　学生は五人ずつのグループに分けられ、社会福祉、移民、賃借人、労働災害の四つの項目を実践する。

④　弁護士とコミュニティ・リーガル・ワーカーがグループを監督している。

⑤　クリニックを訪れる人々は貧困者、被差別民族、精神障害者等であり、学生が法的救済を手伝わなければ救われない人々である。

イマイ教授の Poverty Law へのかかわり、地域社会への支援とは、個別的救済を乗り越え、法の改革までを提案・実現するという。そのためには、社会的実態調査、論文発表、各種申立て、地域の人々との連帯、デモ行進に至るまでの活動となる。

イマイ教授や学生達の熱意・意欲は、「法を利用して人々を救う」というまさに"Law in action"そのものの活動である。イマイ教授の若い頃の孤独ともいえる厳しい活動経験が、トロントでは多くの学生のエネルギーに支えられ、実を結びつつある。自分からは多くの話をしようとしないイマイ教授の核心に触れる活動内容を引き出したとき、「権利のための闘争」とはまさにこのようなものかと感動せずにはいられなかった。

(4)　法曹資格付与コース（ＢＡＣ）

アーティクリングにおいては、研修生に対して一定の制約はあるものの、弁護士としての権限は付与されている。日本の無権限の修習生とは異なる。日本では今までプロセスとしての教育がなく、一発勝負（司法試験）しかなかったため、直ちには権限を付与できなかったともいえる。しかるに、将来法科大学院が成立すれば、三年次以降の段階で権限を付与することは可能となる。

また、カナダのアーティクリングとは、一種の開業制限といえる。そして、研修弁護士への給与は、独禁法違反とならないように自由とされており、勤務事務所の変更も可能であるし、多くの研修生はその事務所に本採用される。それ故、日本の修習生のようなものではなく、弁護士に近いものと考えるべきである。

カナダでは、アーティクリングの事務所が見つからないという問題は未だ大きくなっていないが、米国では、法曹の増員と共に、そのようなアーティクリングは受容れ能力、質の低下の点で次第に困難になるものだといわれている。カナダでも、そのような問題を意識しつつ、ロースクールのクリニックにシフトしつつあるといえる。

（1）　1　ミシガン大学ロースクール視察

日弁連陪審部会　デトロイト陪審等視察団

一九九九年一一月八日〜一九九九年一一月一二日

2　ハワイ大学ロースクール視察

日弁連「百聞は一見に如かず」ツアー――ハワイの陪審員・法曹一元・ロースクール――報告書

発行：日弁連司法改革センター　ハワイ陪審等視察団

二〇〇〇年二月二八日〜二〇〇〇年三月三日

3　ＡＢＡ法学教育 Section インディアナ大会参加　インディアナ大学にて

ニューヨーク・ロースクール調査報告書
発行：第二東京弁護士会　法曹養成二弁センター
二〇〇〇年四月八日〜二〇〇〇年四月九日
4　ニューヨーク・ロースクール調査団
ニューヨーク・ロースクール調査報告書
発行：第二東京弁護士会　法曹養成二弁センター
二〇〇〇年四月一〇日〜二〇〇〇年四月一四日
①　NYUロースクール（ニューヨーク大学ロースクール）
②　NYロースクール（ニューヨーク・ロースクール）
③　CUNYロースクール（ニューヨーク市立大学ロースクール）
5　日弁連　米国・カナダ　ロースクール視察団
ロースクールに関するアメリカ・カナダ調査報告書
発行：日弁連　法曹養成制度に関するアメリカ・カナダ調査団
二〇〇〇年四月三〇日〜二〇〇〇年五月七日
①　ABA本部
②　ウィスコンシン大学ロースクール
③　オズグットホール・ロースクール（トロントにあるヨーク大学）
④　ハーヴァード・ロースクール

（2）　Ronald Dworkin, Law's Empire, p. 400.

三　カナダ

第五章　全国各県にミニロースクールを

一　Smaller is better！　——少人数法科大学院の提言——

日本型ロースクール構想の議論が盛んに行われている。現在のところ、最も大きな課題は、法科大学院をどこにいくつ作るかということである。

米国を参考にし、かつ、司法試験合格者の輩出校を優先して、約二〇〇人の規模、約一五校という案が出されてきた。しかし、この案については、旧七帝大、旧商科大、早・慶・中等を中心にするものになり、大学間格差がさらに広がることとなる、と批判が強まっている。そこで筆者は、現在の法学部に設置されている大学院を法曹養成のために拡充するが、原則として少人数の学生を対象とする少人数法科大学院を提言する。つまり、法科大学院では少人数であるほど内容が充実するので、Smaller is better！と主張したい。

二〇人〜三〇人の小規模の方が最高の法科大学院となる。この案については、既に熊本大学シンポで発表したところ、東大の青山善充先生を始め、鹿児島大・琉球大の先生方からも高く評価いただいたので、次のとおり理由を明らかにする。

第一に、教育の質の高度化又は充実化のためである。少人数クラスほど、教育指導が行き届くことは明白である。ソクラティックメソッド、ケースメソッド、ゼミナールは少人数でなければ困難である。特に日本の法学教育・法曹教育自体にかけられた将来的課題（実務の改革、外国法の導入）を推進するには、教師と学生の議論は必須といえる。米国でも、当初は少人数であったし、現在でも一〇〇人以下のロースクールが多い。また、現行司法試験の欠陥が明らかになり、これを廃止することが衆目の一致することになった以上、今までの合格者輩出校を優先したり尊重したりする必要は全くない。

第二に、現在の法学部を残したまま、これに続く法科大学院を若干拡充するだけで容易に実現できる。博士又は修士課程をもちロースクールを作りうる法学部は、全国に約五〇以上ある。ここには法学部の教授陣がいるので、少人数大学院生を教育することが十分可能である。経営についても、法学部と一体で考えればよい。法曹養成を主たる目的とする法科大学院をもつ法学部は、消滅するどころか、法科大学院を支える学際的教育 (Interdisciplinary Education) に拡充できる。熊本大では法学部内に全国に先駆けて公共政策学科が設置されたので、その延長線上に計画をたてられる。

第三に、全国の法学部にロースクールを作るので、地方の重視、地方分権の推進となる。中坊先生も司法制度改革審議会で強調されているところである。従前の司法試験合格者は、東京の大学、京都大に集中しており、また、予備校もほとんど東京に限定されてきた。そのため、地方の法曹志望者は、財政的にも大きなハンデを背負い、事実上その道は閉ざされていたといっても過言ではない。全国各地で法曹養成が可能となれば、地元で資格をとり、そのまま地元に定着する率は高まるといえ、地方の弁護士過疎解消に貢献できる。公害訴訟などを地方の法曹が多くの労苦をもって担ってきたことを基盤にして、さらに地方分権を具体的に進めるプランといえる。

第四に、法廷技術、交渉・和解技能、法曹倫理などの、実務教育が可能となる。すなわち、全国の主要都市に法科大学院ができれば、地元弁護士会との連携により、実務家が教育を担ったり協力したりすることが容易となる。熊本のように、二〇年にわたり実務家と研究者が熊本法律研究会を維持してきた例もあり、きめ細かい関係を作れると考える。

第五に、夜間、通信の大学院も可能といえる。少人数であれば、勤労者に対しても、夜間、通信、土日等を利用した形で教育をなしうる。また、昼クラスの場合、クラスの内に二～三名の勤労者を混ぜても、Eメール、ビデオ、テープ等を併用して個人指導することも可能となる。現行司法試験が公平、平等であり、勤労者・主婦でも合格できるという長所は生かされる。特に、法曹になって苦労したいという強い動機付けをもった人を含め、法曹になってほしい人を社会（大学）の側で選ぶことができるという新しい長所が生まれる。

第六に、多くのロースクールが誕生すると、多様な法学教育・法曹教育が可能となる。現在までの法学教育・司法研修所教育は文化の多元化、社会構造の変動、グローバリゼーション等に対応しえなくなっている。今や、多様な教育に基づく多様な人材の育成が求められている。米国では、ソクラティックメソッドばかりでなく、臨床教育 (Clinical Education)、創造的紛争解決者 (Creative Problem Solvers)、学際的教育 (Interdisciplinary Education)、全体志向の法 (Holistic Lawering)、治療の法学 (Therapeutic Jurisprudence) 等が進められているのは、いずれも、社会や人間の多様性に目を開かせようとするものである。

第七に、全国に多数の法曹を供給できる。三〇人〜一五〇人を中核とする法科大学院（約一五〇人までは許容範囲と考える）の学生数についての例示としては、取り敢えず、一五〇名・一五校の二、二五〇名、三〇名・三五校の一、〇五〇名合計三、三〇〇名を想定してみる。これに研究志望の者を追加するならば、もう少し増加させてもよい。そして、この構想では、将来的には、学生数はノウハウの蓄積と共に徐々に増加することとなる。しかも、濫訴の弊害、弁護士の窮乏も生じない。弁護士としての需要が満たされたならば、公務員、企業法務に進出すると同時に、隣接業種の司法書士、税理士、弁理士の業務へ進出していくことが予想される。その結果、将来は、これらの隣接業種を統合して廃止し、法の支配を社会の隅々まで行き渡らせることも可能となる。もちろん、経過措置としては、隣接業種との提携を強めるとか、これらに一定の資格を付与することも必要となる。

第八に、ロースクール間に良い意味での競争を持ち込める。Smaller is better！は、従来の発想を転換するものである。すなわち、量の勝負ではなく質の勝負である。その卒業生がどれだけ社会に貢献できるか、どれだけ人々に信頼されるかで評価される。これに対して現在までの競争とは、司法試験合格者の数をめぐる法学部間の競争にはじまり、次に予備校が参入し、予備校間の熾烈な競争の結果、法学部が抜かされたというものであった。これは数の競争にすぎず、質の競争になっていなかった。司法試験という一発勝負では、どれだけ試験官（学者、法曹）が頑張ってもクオリティコントロールに限界があったといえる。法学教育、特に法曹教育は難しいものであり、大教室の授業、画一的試験を反省し、新しい教育のあり方をめぐって競争してほしいと願う。以上によれば、法学部が予備校に数の競争で負けたとしても何ら恥ずべきことではない。むしろ今後は同じ轍を踏まないように、自分の大学から何人法曹を生み出すかを目標とするのではなく、どのような知識、技能、人格を持つ者をどのように生み出して行くかを競い合ってほしい。

以上により、小さいが多くの法科大学院が日本を変えるおどろくべき起爆剤となる可能性があるといえる。

私の提言では、法科大学院を卒業すれば、簡単な司法試験又は弁護士会入会試験を経るとしても、ほとんどが法曹資格を取得できるようなシステムを理想としている。その結果、法科大学院に入るための選抜方法が極めて重要となる。絶対に、情実や寄付金等に左右されてはならない。そのためには、各大学院で選抜方法の基準を公開し、運用についても地元弁護士会および市民の参加する委員会のチェックを受けるべきであろう。

具体的には、取り敢えず次のような案は如何であろうか。このバリエーションを各大学で検討していただきたい。

入学試験は、①高校・大学教育の範囲内の相当広い知識を試すペーパーテスト、②外国語（読み・書き・話す能力）、③高校・大学における成績の評価、④学術的論文の提出及びこれに関する口頭試問、⑤パーソナルヒストリー、目的、動機、将来の抱負（申告書提出）、⑥弁論能力審査を含む総合的面接審査。以上六種類の考査評価は同じ比重とし、審査は別々のグループが行う。次に、女性、身体障害者、外国人等を平等に扱うことの保障のため、右⑤⑥について、審査員には学外者を入れる。そして、付属の法学部生は必ず優遇されることになるので、この割合は二分の一に制限する。他学部出身者、社会人については、必ず各一割以上とする。なお、右①②については、全国統一試験としてもよい。いずれにしろ、このような手間のかかる選抜方法は少人数ほどやり易いだろう。

右のような一応の基準を作るとしても、その枠内で、各大学院の個性を生かす形での選抜が行われる方がよいであろう。例えば、上智大学は元々外国語教育に傾注してこられ、外国法に造詣の深い先生方が多い。このような個性に更に磨きをかけ、創造的教育に向けて教授と学生が協力し合う姿を想うと、真に新しい時代の夜明けと感じられる。

二　全国ミニロースクールによる大幅増員――隣接業種の廃止へ向けて――

(1)　法学部を存置すると、法学部教育はどのようになるのか。次頁の図をもって説明する。③の実定法学、法教義学が大幅に後退することはやむを得なくなる。代わりに、②の基礎法学、法創造学が中心となる。今までの実定法学者が、自己の専門の実定法関係の基礎法学、外国法（原語）の授業を担当すればよい。この点は大いに改革されるところとなる。また、改革することは容易といえる。すなわち、実定法学者は、今までの授業においては解釈学を教授してきたが、基礎法に関する基本的知識を豊富に有している。自己の専門の分野について、外国法に関する研究を常に怠っていない。日本の実定法学者は、基礎法学、外国法の論文を発表し、学会においても議論を闘わせている。これらを、法学部のレベルにおいて分かりやすく講義したり、学生と議論することは、教師と学生の双方にとって有益といえる。法解釈学、法教義学のみの授業は、学生の意欲を極端に削ぐものである。企業に就職するものにとっても、法の歴史的発展、法の機能、法政策学、外国法（原語）等を学ぶことは、仕事をする上で、また世界に飛び立ったときにどれだけ自信となり、また役立つか、計り知れないといえる。しかし、法学部において、司法試験という圧迫が、司法試験受験生ばかりか就職予定者にまで悪い影響を与えている現状では、このような新しい方向性は決して生み出されない。しかし、改革さ

法学教育・法曹教育の過程図

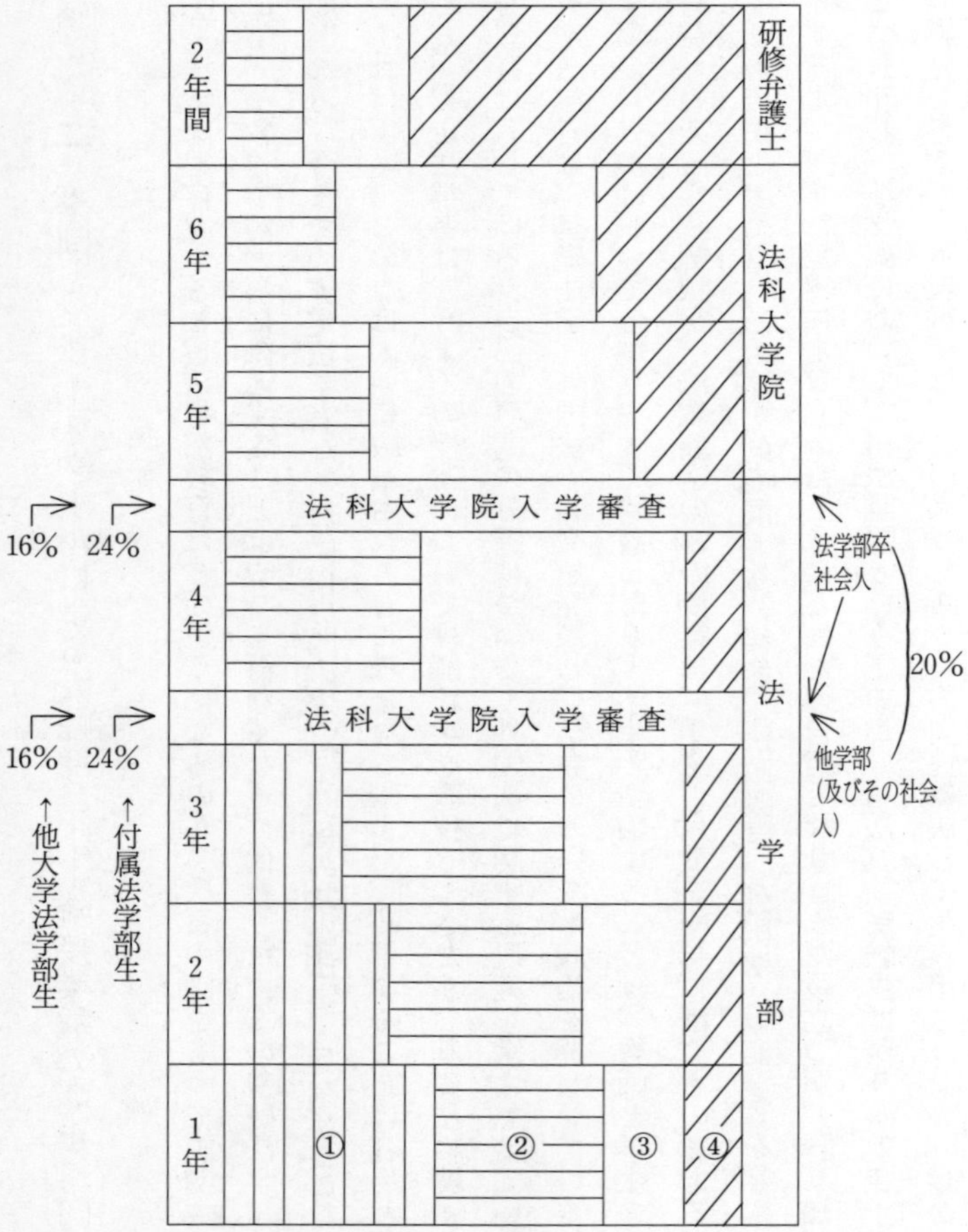

① 一般教養課目（第二外国語、文学、自然科学）
② 基礎法、原語外国法、法創造学、政治、経済、公共政策
③ 実用法学、実定法学、法教義学、法解釈学
④ 法技能、法技術、法曹倫理、臨床法学、法廷傍聴、法律相談

えすれば、従前の実定法学者が継続して法学部を支える価値を創造できる。

(2)　法学部を廃止するか又は教養学部化するとの案も出されてきた。そのような案について、逆にその中身は何かと考えてみれば、結論に大きな差は生じない。つまり、法学部を残しても、中身を変えれば同じである。法科大学院で実定法、解釈学を十分に行うならば、法学部では図のように幅広い学問を学ぶこととなる。ドイツ、フランスの法学部でもそのような努力はされているのである。

特に重要なことは、学生に①〜④が常に関連づけられるべきであることに注意を向けさせる必要がある。学生に①から④へと、④から①へと連続して問題関心を持たせること、視点の往復をさせることが重要である。それ故、一年から③④も重要であり、法廷傍聴をしたり、重要な実定課目の基本、原則、骨格に触れる必要がある。②については、政治学、経済学も重要となる。それ故、このような視点からは、法文学部（鹿児島大、琉球大、島根大等）、法経学部（千葉大等）の方が円滑に移行し易いといえる。

(3)　入学ルートをどのようにするかは、重要なテーマとなっている。しかし、法科大学院の入学内定を早くして「法曹ルート」を設定することについては、解釈学中心の弊害を改革できないとか、差別的な囲込みになるとの批判が挙がっている。そこで、次の私案を提案したい。

①　第一回目——三年終了時の審査　大学院入学者の二分の一を決定する。合格した者については就職活動は不要とすべきであり、原則としてこの段階で内定とする。

②　第二回目――四年終了時の審査　第一回目の審査にもれた者、希望する就職を果たせなかった者、法曹志望を遅れて決定した者等を対象とする。

四年次の授業について、第一回大学院内定者とその他の者を差別すべきではない。それ故、法曹コースの設定自体も妥当でない。第一回目試験合格者についても、第二回目試験を目指す者と競わせることが必要であり、最低の成績を維持できないときには入試内定を取り消すべきである。そして、四年次の授業内容は、②と③が半々になる。このような授業であれば、大学院進学者と企業就職組のルートを分ける必要もない。以上によれば、原則として（病気等を除く）留年して受験する者を認めないようにし、その代わりに社会人の枠を広げるように努力すべきであろう。

(4)　専門大学院を作るために必要な条件は、規定によると、「兼担禁止」、「院生一〇人に教授一人」、「その教授の内三割の実務家」を必要とするとされている。これは、主としてビジネススクールを対象にしていると思われる。法学部付属の少人数法科大学院の授業については、地元弁護士会の協力を得つつ、原則として現在の法学部の教授陣が担当し、上記制約をつけるべきではない。

(5)　全国に多数の法科大学院を作ると、一〇年～二〇年先には法曹人口の大幅増員が実現する可能性が高い。弁護士が隣接業種の分野に進出していくこととなる。このような状態になったとき、税理士、司法書士等の職種を廃止すべきであろう。

第一に、税理士については、かつて人数が少なかったため、国税庁退職者に特例を認めてきた。司法書士についても、登記官、検察事務官に特例を認めてきた。このような制度は、公平の観念に反する。

第二に、税理士については、国税庁出身者がいることに加え、監督官庁が大蔵省であり、自治権を有しない。さらに、税理士は訴訟代理権を有しない。そのため、税理士が積極的に税法及びその運用の不当・違法について意見を発表したり訴訟を担う状況になっていない。弁護士の側も、職域が税理士とほぼ分断されているため、税務を多々扱う割には、訴訟まで踏み切ることが少ない。税理士の助力が得られないことも多い。その結果、裁判所、法務省の側でも税務に関する蓄積・経験は少なくなる。明らかに大蔵省の政策・運用を改革する状況を作り出せないという意味で、悪循環に陥っている。

例えば、弁護士が日常的に扱う問題として、破産法上の租税優先主義がある。ドイツ、米国でも、このような悪法は存在しない。日本でも学者は批判している。弁護士、裁判官が場合によっては運用によってカバーしている面はある。弁護士においては、任意整理等に際し、悪法であることを知らず、遵法精神をもって励行している者もいれば、直感的に零細業者、個人を救済するために劣後債権として扱う者もいる。このような分野において、将来は法曹による多くの大胆な改革が期待されている。

以上によれば、隣接業種の方々に法律相談、簡易裁判所の代理権等の権限を付与するべきか否かの問題は、議論ばかりされて一向に解決案が出てこないが、長期的計画（隣接業種の廃止）と短期的計画（権限付与）とに分けて、かつ同時に決定すべきである。一〇年～二〇年後の法曹増員までの移行

二　全国ミニロースクールによる大幅増員

過程における案と限定して議論するならば、容易に解決されるであろう。

（参考）ペーター・ギレス著（小島武司編訳『西独訴訟制度の課題』日本比較法研究所翻訳叢書二三（中央大学出版部、昭和六三年）

ドイツの法曹教育に関して、次のような改革要望を紹介している。

①　強力な法現実的ないし法社会学的考察方法のもとに、社会学、経済学、心理学又は政治学など、要するに社会科学その他いわゆる隣接科学を取り入れることによって、法律学のために、今や失われてしまった現実との連関を取り戻すべきだとの要望。

②　教育課程の中で理論と実務を強力に接近させることによって、法律学の歴史の過程の中でひき裂かれ、そして次第に深くなりつつある理論と実務との亀裂に橋をかけるべきだとの要望。

第六章　法曹一元を目指す研修弁護士制度創設に向けて

一　三者協議会における日弁連提案

法曹養成制度等改革協議会は、司法試験合格者を中期的には年間一、五〇〇人程度を目標として増加を図ること、増加する司法修習生の受入れを容易にするため修習期間を大幅に短縮すること等を骨子とする意見書を公表した。(1)これを受けてなされた法曹三者協議で合意された結論は、平成一〇年合格者を八〇〇人程度、一一年合格者を一、〇〇〇人程度に増加させること、一一年度に始まる修習期間を一年半とすること、合格者一、五〇〇人についての三者協議は新制度の三期目（一三年度）の修習終了（一四年九月）の後に開始することであった。(2)しかし、右合意に至るまで弁護士会においては、修習期間短縮・法曹粗製濫造に反対する意見が強く、まとまらなかったため、筆者ら有志は、司法修習を一年とし、修習終了後全員が二年間弁護士登録をした上で、研修弁護士（勤務弁護士）として所属弁護士事務所の監督と指導を受けながら弁護士実務に従事する義務を課し、この義務終了をもって、弁護士の独立開業の資格とし、また裁判官・検察官への任官の要件とする法曹一元的制度を提案した。(3) 日弁連は右提案の趣旨を取り込んで臨時総会を開き、一年半への短縮に応じると共に、期間短縮を補強する積極案として修習終了後の研修弁護士制度（但し、筆者の提案より後退して、一定期間弁護士実務を経験することを弁護士登録・任官の要件とするので、弁護士補制度というべきもの）を導入すべきことを決議し(4)、これを正式提案したが、最高裁・法務省はこれについての協議に入ることを応諾しなかった。

結論としては、改革協議会以来の協議経過は、法曹養成制度の検討がいかに貧困であったかを示した。なぜならば、法曹増員をすべき最も重要な理由は何か、増員に伴い法曹や司法はいかに変革されるべきか等の課題を視座に入れつつ法曹養成改革を考察すべきだったにもかかわらず、十分な検討がされたとは言えないからである。

マスコミ・有識者・経済界などは、法曹増員により、「遠い、遅い、高い」司法を「近い、早い、安い」司法へと改善すべきだと主張する。(5) しかし、それ以上に、「正しい、強い」司法を作ることも重要である。司法が市民から信頼され、自由・透明・公正な市場経済を維持し、消費者の利益を保護し、暴力団等の違法行為を徹底的に取り締まると共に、行政や大企業の不正を厳しく監視するものへ脱皮すべきである。(6) 社会改革をリードする司法が要請されている。そのための司法改革と法曹養成制度改革をしなければならない。諸外国では「正しい、強い」司法を作るために民意を反映する様々な制度を採用しているが、日本では司法への市民参加（陪審、参審等）が閉ざされている。それ故、民意を反映させる方策としての法曹一元（弁護士から任官するもの）は極めて重要であり、研修弁護士制度とは、法曹一元へ向けた大きな一歩として位置づけされたものである。

二　改革協議会と三者協議会の課題

改革協議会の多数意見の結論は、左記四点である。

① 中期的には、合格者年間一、五〇〇人程度への増加（二〇年合格者より一、〇〇〇人程度への増加）
② オン・ザ・ジョブ・トレーニングの強化
③ 司法修習期間の短縮化（一年乃至一年半）
④ 継続教育の強化

右①は、行政の規制緩和、紛争の多発などに備えて、司法の充実・強化のため要請されるものである。改革協議会で諸外国の状況を検討したうえ世論の意向を尊重した正当な結論であった。これに対して日弁連は、増員反対の声に押されて積極的対応をなし得なかったが、平成七年一一月の臨時総会において、一、〇〇〇人程度までの増加に譲歩する決議をした。(7)

②についても、諸外国の制度と比較して権限と責任のない見習い身分の修習（間延び修習）の改善

策として、正当な結論であった。また、修習生が二年間も国費をもって養成されるならば何らかの業務に従事すべきではないかとの課題も提起された。しかるに、③④については、改革協議会が外国調査の成果を無視して拙速に結論を出したものであり、積み残された課題として、三者協議で十分議論をすべきであった。

右四点は後記の通り密接に関連しているものであり、総合的な構想を協議すべきであったが、三者協議会では積極的取組みはなされず、合格者一、〇〇〇人を受け入れるための修習期間短縮問題に追われて前記のごとき結論になり、合格者一、五〇〇人程度とする重要課題の協議も先送りされた。しかし、このような結果に終わったとはいえ、日弁連は、最後の段階で研修弁護士制度を提案することにより積極的取組みをしたので、右四点のすべてにつき前向きの解決案を示したものと評価できる。すなわち、合格者一、五〇〇人体制を前提としても、全国の弁護士事務所における実務修習生の受入れを可能とし、また、研修弁護士に対して明確な権限を付与することにより、オン・ザ・ジョブ・トレーニングと継続教育の充実の要請に応え、研修弁護士の労務提供への対価は国費負担とせず弁護士事務所の負担としたからである。それ故、日弁連の提案は、改革協議会の多数意見にも沿うものであり、研修弁護士制度を採用していない三者協議会の結論は改革協議会の多数意見の一部実現にすぎず、今後に残された課題は極めて大きいと言わざるを得ない。

過去においては、法曹増員に対して、国側が規制行政を維持するため消極的であった。それ故、改革協議会の法曹増員の論調が、規制緩和、特に経済的規制の緩和を目的とする政治的方針を背景として、行政国家から司法国家への転換をも目指したことは、新しい歴史的意義を持っている。弁護士会においても、現在では法曹増員に積極的な意見が増加しつつある。

しかるに、改革協議会の討議においては、法曹増員と司法基盤整備をするとしても、経済的規制の緩和に伴い、紛争の多発する状況の中で、自動的に市民が混乱の中から救済されるわけではないことを看過している。政界と経済界が中心となって経済的規制の緩和を進めるならば、これに対応して、裁判所、法務省、弁護士会、法律学者が新しい競争秩序の形成、社会的規制の強化・整備を担う必要がある。

社会的規制の目的は、①人間の身体・生命の安全確保（環境保護）、②労働者・弱者の保護、③消費者被害の防止である。(8) また、筆者の言う社会的規制の強化・整備とは、司法による事後的救済を含むものである。人身被害等に対する十分な事後的救済により予防が可能となるからである。行政改革においても、経済的規制の緩和に伴う組織や人員の削減分を社会的規制の強化のための監視作用に振り向ける方向が正しいし、米国では強力な組織（FDA, CPSC, OSHA, NHTSA, FTC, EPA, EEOC 等）が形成されてきたが、日本では全くその方向性が定まっていないので早急に推進すべきことである。このような状況にあって、法曹増員は、経済的規制の緩和に伴い、経済的ルールの違反をめぐる紛争処理にも必要とされるが、社会的規制の違反に対する制裁を司法が担うことにおいて最も重要である。しかし、欧米では、法曹増員に加えて陪審・参審での市民参加により社会的規制の整備が進められたのに対して、日本では全く民意を反映させる制度がないので、法曹増員のみで社会的規制が守られるというのはあまりの楽観論であり、日本では司法の質を転換しない限りこの規制改革を実現できない。

右の点は、改革協議会ばかりでなく、規制緩和を主張する経済学者、経済人、マスコミ、政治家等に一様に欠如している視点であり、法律学者、弁護士会も十分に対応しきれていない。それ故、改革協議会の議論も、日本の規制緩和論の貧困さを反映している。弁護士会内には、経済的規制の緩和自体に消極的な意見もある。社会的規制の整備・強化の画が見えないために、経済的規制の緩和や法曹増員にも反対する。しかるに、増員反対では何らの解答になり得ず、社会改革に対する反動でしかない。経済的規制の緩和と法曹増員には賛成しつつ、新しい競争ルールと社会的規制の整備を検討する、すなわち規制改革へ向けて努力することが正しい道である。

日弁連の研修弁護士制度の導入提案が、弁護士会内の古い通念を超えて多数の賛成を得た理由は、流動化する社会の規制改革の進展に合わせ、民意を反映し市民や事業家のレベルに立って物を見ることができる新しい法曹を育てる必要があると多くの弁護士が実感したからである。

四　継続教育必要論への批判

改革協議会及び最高裁・法務省の意見は、修習の期間短縮をして、修習終了後にオン・ザ・ジョブ・トレーニングによる法曹三者別個の継続教育を行うことの必要性を主張する。これに対して日弁連は、分離修習の復活であると反対したが、必ずしも弁護士以外に対しては説得的なものでなかった。すなわち、戦前の分離修習に対する批判は、明治憲法下における天皇制思想、軍国主義思想、人権抑圧思想等を体現した裁判官・検察官の純粋培養過程に向けられていたので、戦後の民主憲法下においても新たな分離修習の弊害があることを説明しない限り説得的でないからである。戦後の官僚法曹は、戦後の復興、高度成長を推進した政・官・財一体の癒着構造を支え、民主制国家の体裁を整備しつつも独禁法制を骨抜きにし、また労働運動、学生運動、市民運動の弾圧に汲々としながら、他方で暴力団の存在を許容してきた。行政や大企業への制裁機能はまことに弱かったのであり、このことは、企業社会における今日の多くの不祥事の一因をなしているともいえる。戦後社会にあって、現行修習制度はこのような官僚法曹を改革する力にはなり得なかった。よって、官僚法曹による分離教育は明らかにこれまでの体制の固定化を意味し、その弊害は著しいものとなるから、反対せざるを得ないのである。

現在、新経済競争秩序の形成、社会的規制の強化等に向けて新しい思想や制度が求められているのである。司法もこれに対応しなければならないし、その目的に向かって邁進できる法曹を養成しなければならない。有識者及び世論が言わんとしている方向は、概ね次のようなものといえる。

① 行政追随の司法から自主独立（厳しい市場ルールの確保、社会的規制の整備）の司法へ

② 司法消極主義から司法積極主義へ、放置主義と批判されることから真の法治主義へ

③ 民事制裁強化へ、民事制裁では不十分な犯罪（重要な規制違反、暴力団等の違法集団による犯罪）に対する効率的な刑事政策の実施へ

④ 情報公開、ディスクロージャー、ディスカバリーの促進へ

このような社会改革へ向けて司法をリードできる法曹の素養は、社会の実相に触れ、人々と直接に触れることのできる弁護士の経験を経ることにより養われる。弁護士会は、民事介入暴力対策、消費者被害救済、情報公開推進等において、多くの困難を乗り越えて新しい時代を切り開いてきた。可塑性に富む若き法曹の卵を燃え上がる現場の中に入れて、その中から孵化させていくべきである。錆び付いたレールを走ることとなる継続教育を採用せず、社会という荒波の中で舵取りを覚えさせる新しい継続教育を始めるべきである。

五　抜本的改革案

筆者は弁護士会において下記の二案を提案してきたが、諸外国の制度の特質を十分に調査・検討した上で考案されたものである。(9) 諸外国の制度の注目すべき要点は次のとおり指摘できる。

① 法曹養成期間は二年乃至三年（又は六年）である。最高裁と法務省の提案した一年乃至一年半の制度はない。

② 集合教育と個別実務教育が組み合わされている。この点は日本と同様である。

③ 権限は段階的に付与される。集合教育からマンツーマン指導（監督者同席）へ、さらに単独の権限行使へと移行することが多い。この点について日本の制度は極めて不備である。

(1) 権限付修習（ドイツ・スウェーデン型）の提案

筆者の第一の提案は、司法修習二年を維持し、裁判・検察・弁護のすべての修習において、司法修習生規則（最高裁規則）により修習生に一定権限を付与することであった。ラーニング・バイ・ドゥーイングを重視し、修習の充実化を図るものである。これは、ドイツ、スウェーデンを中心にフランス、英国をも参考にした制度である。日弁連は、三者協議において二年堅持を主張しながら、新たにその内四ヵ月を総合修習として弁護士会が受入れを負担する制度を提案していたので、これを補強する趣旨で弁護修習の強化と共に権限付修習を提案したのである。この案は、第二東京弁護士会の司法改革推進二弁本部の正式意見として成立した。[10]

修習生の権限に関しては、合議体における裁判の評議の傍聴を可とする裁判所法六八条を除くと全く存在せず、司法修習生指導要綱（司法研修所長通達）においても、実務修習の際に傍聴は許されるが、その他何らの権限も付与されていない。このような状況の中で、検察庁は、修習生に取調修習を行わせたが、[11]修習生一二期及び一六期以来、多くの取調修習拒否者が出るに至った。[12]取調修習拒否運動の基本的思想は、日本における警察の取調自体に対する批判であり、その追認的取調べをさせることについての抵抗であった。司法研修所は、修習生が指導検察官の手足として取調べを行う監督者同席方式は許容されるという相島六原則を打ち出した。[13]これに対して、修習生に権限を認めることとなる相島六原則自体が違法であるとし、また現実の取調修習のやり方は相島六原則に違反するとの取調修習拒否運動として継続していった。

このドイツ型の提案は、かつて海外調査に従事して膨大な報告をされた武藤春光判事の結論とも近いものである。同氏は、指導担当者の監督と責任の下、すべての修習で一定権限を付与し、かつ、弁護技術が当事者主義の要であるから弁護修習の充実・強化をすべし、と主張された。[14]しかし、当時この意見は、取調修習や参与判事補への権限付与に対する反対運動のために実現不可能だった。その結果、現在でも、研修目的を兼ねて裁判官・検察官の権力作用を行使させることに対しては極めて強い抵抗感が残っている。結局この提言は、日弁連が採用せず、三者協議会での討議すらされなかった。

(2) 研修弁護士制度（英国・フランス型）の提案

筆者は、奈良弁護士会の先駆的提言（法曹一元的弁護士補制度）に触発され、英国とフランスの制度を参考として、司法修習一年・研修弁護士二年を提案した。研修弁護士とは、弁護士登録後に、弁護士事務所に勤務して、弁護士と同一の権限と責任を持ちながら実務の研修を行うものである。(15) 研修弁護士という用語は、山本和彦教授のフランスの制度の翻訳によっている。(16) 弁護士と同一権限を付与することの重要性は、弁護士と研修弁護士の二段階の権限について訴訟法で対処するという複雑・困難な問題を避けるためである。それ故、フランスのように、研修弁護士登録をし、さらに二年後に弁護士登録をする制度でもよいが、むしろ、二年間の弁護士登録を認め、二年後に研修終了を条件に更新手続を認める制度を妥当とする。弁護士の権限について二段階を設けるわけでもなく、そのように誤解されることも回避すべきだからである。

司法研修所においては、大学院レベルの高度な集合教育を行い、裁判・検察の修習は各一カ月以内の見学等に止める。前記の通り、研修目的を兼ねて修習生に権力作用を行使させることには、様々な違法・不当な事態発生に対する危惧が強いが、弁護士実務の現場では、勤務弁護士の業務について依頼者から敬遠されることはない。業務の種類も多様であり、原則として共同作業に適するし、容易に単独処理できるものも多い。研修弁護士は、弁護士事務所の指導と監督に従い、指導者の助言・指示・決定等に基づき業務を遂行するが、常時監督者同席方式を要求するものではない。それ故、弁護士法改正も極く僅かで足り、弁護士登録後二年間の単独営業の禁止、二年研修修了確認と更新手続の新設に止まる。研修弁護士二年間の内、三カ月乃至六カ月は監督者同席方式を妥当とするが、弁護士会の規則でまかなえば十分である。雇用する弁護士事務所は、修習生並みの給与を支払うが、これに見合う労務を提供してもらうので、受入れも可能と言える。研修弁護士制度は、マスコミ・世論の大きな支持も得られ(17)、また、自民党案の積極検討項目に挙げられるに至った(18)。

六　法曹一元等へ向けた司法改革

研修弁護士制度の構想は、法曹一元へ向けた大きな一歩であり、停滞しつつある日本の司法改革の突破口ともなるものである。

以前から繰り返し法曹一元が議論されてきたが(19)、その実現可能性は全く閉ざされてきた。しかるに、わずか二年間の研修弁護士であれば、若年任官者採用の方針とも矛盾せず、実現可能性はある。これに対して、判事補制度の廃止が法曹一元の目標であるという意見もあり(20)、その中には、弁護士補や研修弁護士制度は法曹一元の阻害となるとか(21)、無関係であるとの意見もある。しかし、研修弁護士二年を中核として、将来的に、その後三年乃至五年の弁護士経験を経た者の任官者を増加させることは、それほど無理なく可能である。これに弁護士一〇年経験者を加味すれば、年齢・経験について混合型の法曹一元を推進させることができるのであり、これを日本型法曹一元とすべきである。司法試験合格者年間一、五〇〇人までを想定している。任官者は、研修弁護士等の弁護士経験を持てば、弁護士に復帰することも容易であり、人事に拘泥しないで業務に邁進できる。逆に、弁護士復帰が容易であれば、任官希望者も増加する。それ故、弁護士事務所としては、任官者が辞めて弁護士に復帰するときの受入れ体制を整えるべきであろう。

現在何故に法曹一元的研修弁護士制度が必要であるかを確認する必要がある。規制緩和と行政権力の監視機関化に伴い、司法の充実・強化、規制改革等を実現するため、強力かつ独立の裁判官・検察官を養成しなければならない。民意を反映しようとする意思、民間におけるルール作りを積極的に構築できる構想力、暴力団などの違法集団と闘う強い精神力等を養成する制度でなければならない。陪審制や参審制、パートタイム裁判官制と組み合わされればより強力となるが、逆にそのような制度のない日本では、司法改革に向けた唯一の貴重な制度となるからである。

研修弁護士の活用は、国選弁護士事件、当番弁護士事件、法律扶助事件、少額事件等の多くの分野において期待される。所属事務所の監督と指導があれば、十分に処理可能である。責任と権限を与えれば、熱意を込めた業務処理が予想されるのであり、国民の期待に応えるものと言える。

七　ロースクール構想

米国のロースクール（三年）のごとき構想も挙がっている。司法試験合格者が年間一、五〇〇人よりさらに大幅に増える時、すなわち長期的には、ロースクール構想も検討されなければならない。しかるに日本においては、現状のままでは、研究者と実務法曹との距離が極めて遠く、両者の協力による教育の充実が可能となるか疑問と言える。研究者は常に新しい外国法制の研究に傾注し、実務家は次々と起こる目前の紛争処理に追われてきた。両者の乖離は著しいものがあり、このような不幸な歴史を改善しない限り、激しい社会変化に対応することも困難であるし、日本の法文化の更なる発展は望めない。特に最も問題なのは、日本においては米国ロースクールのケース・メソッドをそのまま採用し得ないことである。なぜならば、米国の判例は陪審等の民意を反映する手続を経てタイムリーに改革的方向で出されるので、ケース・メソッドにおいては社会政策的論議が可能となる。しかるに日本の判例は、保守的・体制維持的であり、かつ社会政策的理由付けを欠くので、論争性に乏しいこととなり、有効なケース・メソッドの対象になり難い。それ故、日本の判例・法制に対しては、当面、研究者と実務家が協同して、より実務（への批判的検討）を重視しつつ、外国法制も参考とする議論や検討を進める以外方法はない。そのような研究や教育は相当に困難であるが、これに努力することは、両者の乖離現象を少しでも解消し、長期的なロースクールの構想の可能性を高めるので、非常に価値がある。

八　医学教育との比較

法曹と医師は、公共性・専門性を保持し、高い職業倫理を持つべきプロフェッションである。高度の専門家になるための訓練をするには、数年をかけて、かつ段階的に実務に深く関与させていく等の充実した実習をさせ、そのための権限も付与していくことが理想であるが、日本では双方の分野でこのような思想に欠け、諸外国に遅れている。また、奇妙にも、制度改革への積極性の欠如という点でも一致している。

英米の医師養成過程では、段階的権限付与の実習をしている。(22) これに対して日本では、医学部四年の間には一切の医療行為への従事が許されておらず、徐々に訓練を始めていくことができない。逆に、医師国家試験合格により医師の資格を付与されたら直ちに開業もできる制度となっている。(23) 昭和二三年医師法のインターン制度（医師国家試験受験資格取得のための実地訓練制度）は、インターンが医師ではなく身分が不明確であること、病院の指導体制が十分でないこと、経済的な保証がないこと等を理由に、これに対して反対闘争が起こり、昭和四三年に廃止された。法制度の内容が不備であることからこれの改善や改革に向かうのではなく、廃止することにより、段階的権限付与の方式自体を育成できなかった。法曹養成制度において、取調修習の法制上の不備を放置したまま反対運動に対する明確な改善案を出し得なかった歴史に極めて似ている。

司法修習生と医学生はいずれも全くの無権限状態で密度の薄い研修をせざるを得ず、最終試験終了後、有資格者となった途端に、完全独立かつ一人前のプロフェッショナルとして扱われるか、そのような過剰な意識をもつことになる。当人が謙虚に研修に努力すればよいが、研修の制度的保障がないため、プロフェッション教育としては、いずれも未成熟といわざるを得ない。

九　結　語

(1)　法曹養成過程

本稿での結論は、弁護士の養成過程と裁判官・検察官の養成過程を若干異なるものとして位置づけ、弁護実務を法曹三者の養成の中核とすることである。

第一に、任官者がその資格を得る条件としては、ドイツ、スウェーデン、フランスのように二年乃至三年の権限付き研修を要するか、英米のように法曹一元としての長期の養成を要するものであることを、歴史が示している。なぜならば、その職務が独立した権力作用という重要な行為だからである。そして、右二つの類型の内、任官するまでの間、完全な弁護士権限を行使できる英米型の方が、一方で実務の執行を通じて容易に法曹としての訓練を受けられ、他方で権力行為への関与を避けられることから優れている。これに比べて日本の現行修習制度がいずれの類型にも当てはまらない不備な制度であることについては前述したとおりである。一年半となればその欠陥はますます大きくなる。

第二に、弁護士養成の場合は、司法研修所一年の終了をもって登録しても、従属性を有する勤務弁護士としてであれば、十分に業務遂行は許容できる。弁護士会による監督担当弁護士に対する指導、研修弁護士に対する集合教育も重要な役割を果たすこととなる。研修弁護士の受入れ事務所の確保、その事務所の質の維持も、解決可能な課題である。

現在では、官と在野の法曹が対立する時代でなくなり、任官者をも弁護士全体が責任を持って育てられるので、研修弁護士制度は十分に実現可能な価値のある制度である。

(2) 陪審・参審

本稿では、法曹一元の制度価値は、高度な専門的技術者の選任方法にあるのではなく、民意を反映する裁判官・検察官の選任過程にあると位置づけている。市民感覚や社会常識を持ち、市民や事業家の考えを十分に把握し、民意に基づくルール作りのできる法曹による裁判を期待している。しかるに、弁護士実務を経験することが民意を反映する裁判官を育て、市民的裁判を可能とするのであろうか。そのような裁判とは、むしろ陪審又は参審である。矢口洪一元最高裁長官も陪審の導入を主張したが[24]、実現の目途が全く立っていない。刑事参審については少年事件など、民事陪審は消費者問題など身近な所から始めるべきである。特に民事陪審は、米国において、人身被害や独禁法違反で高額の賠償金を認め、強力に民事制裁を課すことにより、競争秩序の維持、社会的規制の強化に大きな役割を果たしてきた[25]。弁護士会も、刑事陪審の研究・広報に取り組んできたが、民事陪審については、ようやく今回の法曹一元の議論と共に浮上してきている。以上によれば、研修弁護士制度は、民意を反映するための重要な第一歩に過ぎず、残された課題が誠に大きいことも銘記すべきといえる。

(3)　市民社会の後進性

司法における市民参加・法曹一元の欠如、法曹専門教育の十充分性、学者と実務家の分離、法曹人口の過少と事件屋・暴力団の暗躍等、いずれも司法の未発達を示すものである。また、明治憲法下の天皇制と軍国主義、戦後における社会主義勢力と五五年体制の激突など、これらの不幸な状況において、形ばかりの議会制民主主義のみが続き、市民による自治、事業家の自由な活動は発展しなかった。五五年体制の崩壊と冷戦の終結により、ようやく自由の拡大が始まった。市民の参加なき司法の中で、新しいルール作りに向けて、民意を代弁しなければならない法律家の責務は極めて重い。弁護士会は、法曹増員と研修弁護士制度を推進することにより、その歴史的役割を果たさねばならない。

(1)　一九九五年一一月一三日「法曹養成制度等改革協議会・意見書」ジュリスト一〇八四号（一九九九年）五七頁。
(2)　一九九七年一〇月二八日「司法試験制度と法曹養成制度に関する法曹三者合意」自由と正義四八巻一二号（一九九七年）一八三頁。
(3)　遠藤直哉「研修弁護士制度の導入を」朝日新聞一九九七年九月一〇日論壇、遠藤直哉・濱田邦夫他（パンフレット）「法曹養成制度の抜本的改革案——法曹一元を伴う三年間養成制度（一年司法研修所・二年研修弁護士制度）」一九九七年。
(4)　「一九九七年一〇月一五日、日本弁護士連合会臨時総会報告」自由と正義四八巻一二号（一九九七年）二二一頁。
(5)　鈴木良男『日本の司法　ここが問題』（東洋経済新報社、一九九五年）、「市民のための法曹養成を」朝日新聞一九九七年八月一三日社説。民主主義理念を支える司法そのものの機能不全の状態を訴えるものとして、島田晴雄『日本再浮上の構想』（東洋経済新報社、一九九七年）三八九〜三九三頁。
(6)　遠藤直哉「規制緩和時代の行為規制運用者としての弁護士」自由と正義四七巻一一号（一九九六年）六五頁以下、久保利英明『法化社会へ日本が変わる』（東洋経済新報社、一九九七年）。
(7)　「一九九五年一一月二日、日弁連臨時総会報告」自由と正義四六巻一二号（一九九五年）九七頁。

(8)　社会的規制の内、健康・安全・環境に関する規制（米国でもHSE規制という）を「コア規制」と言い、それ以外を「周辺規制」という。それ故、筆者は、右コア規制を若干拡大して使用している〔植草益『社会的規制の経済学』（NTT出版、一九九七年）二八〜四九頁（一九九七年）〕。筆者は、本文①②③以上に社会的規制の対象を拡大して使用すべきでないと考える。それ故、中小企業の保護、再販制度の維持、法曹人口の抑制等を社会的規制の名の下に支持するものではない〔三輪芳朗「『社会的規制』の政治経済学」経済学論集六三巻二号（一九九七年）〕。なお、規制改革全般について、同『公的規制の経済学』（筑摩書房、一九九一年）、社会的規制研究会編『これからの社会的規制』（(財)通商産業調査会、一九九六年）。

(9)　各国の制度は次のとおりである〔日弁連「イギリス・フランス・ドイツの法曹養成」（一九九四年）〕。

①　ドイツ（二年）　司法修習生は修習期間中公務員となり、統一修習に従事する。裁判所、検察庁、弁護士事務所において修習する間に、簡易な事案については、単独での権限行使も認められ、法廷活動も可能である。司法研修所等の集合教育はないが、研究会等の集合教育を行う〔『ドイツにおける法曹養成教育の現状、批判および改革案』司法研修所法曹教育叢書二号（一九六二年）、ベルント・M・クラフト「バーデン・ヴュルテンベルク州における司法修習」ジュリスト一〇一六号（一九九三年）八〇頁、ハインリッヒ・メンクハウス「ドイツにおける法曹養成の実情」ジュリスト一〇二〇号（一九九三年）八九頁以下〕。

②　スウェーデン（二年乃至二年半）　司法実務修習生と呼ばれ、公務員と同じ身分で、地方裁判所を中心に概ね二年乃至二年半実務に従事する。一定期間経過後に、一定の業務を独立して担当する権限を付与される等、修習内容は徹底して実務的で密度が濃い〔萩原金美『スウェーデンの司法』（弘文堂、一九八六年）九八〜一二八頁〕。

③　英国　㋐バリスター（二年）——一年間法曹学院、一年間バリスター事務所二カ所の実務修習。最後の六カ月間は仮の開業許可書を得て単独活動の権限も付与される。バリスターから裁判官が選任される（法曹一元）。㋑ソリシター（六年）——一年間ソリシター協会運営の法律学校。その後二年間法律事務所から給与を得ながら業務に従事し、修了後ソリシターとしての登録をする。さらに三年間継続教育を受けた後に独立開業が認められる（長谷部由起子「イギリスの法曹制度と法曹養成の実情」ジュリスト一〇三八号（一九九四年）一一八頁以下）。

④　フランス　㋐司法官試補（二年七カ月）——合計約一年間の司法研修所の研修に加え、実務研修では、裁判官として単独で弁論指揮、尋問をなし得、弁護士事務所に配置されたときは法廷弁論も可能とされている。㋑弁護士養成（三年）——一年間の弁護士研修所と実務修習の組合せの研修。CAPA（弁護士適職証明）試験合格後に三〜五カ月一定権限を付与される。その後二年間研修弁護士として登録して、弁護士の呼称を使用し、弁護士と全く同一の権限が付与され、あらゆる職務活動ができるが、独立開業はできない。二年経過後弁護士登録をする（山本和彦「フランス司法見聞録⒀」判例時報一四五一号一二頁、同「フランス司法見聞録⒂」同一四五四号（一九九二年）一六頁）。

⑤　米国（三年）　一貫して、弁護士養成のための実務教育・職業教育である。休暇中（合計約一〇カ月に及ぶ）の弁護士事務所での勤務も含め、臨床的法学教育も進んでおり、州によっては、規則により学生は一定の条件に従って弁護士と同様の法廷活動を行うことができる。教授と弁護士との兼職、相互の乗入れが確立している。裁判官は弁護士から選任される（法曹一元）（柳田幸男「日本の新しい法曹養成システム（上）」ジュリスト一一二七号（一九九八年）一一四頁）。

⑽　遠藤直哉「修習生に権限付与を」週間法律新聞一九九七年三月一四日論壇。

(11)　山室章「司法修習生の検察実務修習について」ジュリスト二六八号（一九六三年）四〇頁以下、本田正義「取調修習問答――取調修習は果たして違法か」法学セミナー八四号（一九六三年）七頁以下、平場安治「司法修習生の検察庁における取調修習」法学セミナー八三号（一九六三年）六頁以下。

(12)　田口康雄「違法修習問題の経過と概要」法学セミナー八三号（一九六三年）一三頁以下。

(13)　相島一之「司法修習生の修習指導について」研修時報二二号（一九六四年）。

(14)　武藤春光『米国・英国及び西独における法曹教育』司法研修所法曹教育叢書一号（一九六二年）二五三頁。

(15)　奈良弁護士会は、司法修習一年・弁護士補一年を提案した（高野嘉雄「弁護士補の構想について」自由と正義四八巻六号（一九九七年）一六五頁）。また、本提言後に日弁連内部においても司法修習一年半・研修弁護士六カ月（但し、その実質は弁護士補というべきもの）が討議された（水野邦夫「法曹三者協議会の経緯と三者合意の概要」自由と正義四九巻一号（一九九八年）一五三頁以下）。この弁護士補というのは、弁護士登録前の短期の弁護士見習いの身分であり、監督者同席を原則とする等、権限に制約が付される。雇用する弁護士にとっても指導に手間がかかりすぎるし、半年又は一年というのは短期すぎて様々な点から不便と言える。弁護修習における一定権限の付与という修習の充実・強化案としての意味があるが、従前の枠組みに縛られているという限界があることから、法曹一元的制度としては不十分である（戒能通厚「法曹一元と裁判官」自由と正義四八巻九号（一九九七年）九〇〜九四頁）。

(16)　山本・前掲（注9）判例時報一四五一号一五頁。

(17)　「日弁連が投じたボール」朝日新聞一九九七年一〇月二七日社説。

(18)　自民党政務調査会「司法制度改革の基本的な方針(案)」（一九九七年一一月一一日）。

(19) 田中英夫『英米の司法』(東京大学出版会、一九七三年六月)三五〇〜三五八頁、樋口俊二「民主的司法と法曹一元」東弁「司法改革の展望」所収(一九八二年三月)、萩原金美「法曹一元(論)の試論的検討」神奈川大学法学研究所研究年報四(一九八三年)一〜五五頁、同八(一九八七年)五五〜六七頁、同『裁判法の考え方』(信山社、一九九六年)、庭山正一郎「法の支配と法曹一元」『変革の中の弁護士』下巻(有斐閣、一九九三年)九四〜一一一頁。

(20) 矢口洪一『最高裁判所とともに』(有斐閣、一九九三年)二〇九頁。

(21) 後藤富士子「弁護士補と事前研修――判事補廃止にプラスかマイナスか」自由法曹団通信八八九号(一九九七年)。

(22) 第一に、米国の極めて生き生きした医療現場における実践的研修が報告されている(赤津晴子『アメリカの医学教育――アイビーリーグ医学部日記』(日本評論社、一九九六年))。四年間の医学部終了(M. D. の取得)の一年前までに臨床実習許可証を得て、実際の医療行為に直接従事する。カルテの作成、問診、注射、手術フィールドの保持(牽引、血液吸引、傷口の縫合、看護婦への術後指示、カメラ・ズーミング操作)等相当に重要な業務を任せられる。学生に対する指導・監督は、明確な方針に従ってなされれば、常時同席方式である必要はないとされている。M. D. の取得後においても、三年乃至五年の研修医(Resident: 住込みの意)を経験する。二年終了後に医師免許証を取得する。研修医は、医師として医療行為に従事する資格はあるが、医師免許証を得るまでは独立開業できないのである。第二に、英国医学教育視察団が平成六年に日本の臨床医学教育の不十分さを指摘する状況の中で、英国への留学生が英国医学生の臨床能力のレベルの高さを報告してきたが、その理由として、英国医学生が実習において問診・診察を単独でなしうることを挙げている(保阪正康『大学医学部の危機』(講談社、一九九七年)二一六〜二七七頁)。

(23)　医師法（一六条の二第二項）による卒後臨床研修（大学・病院における研修）は、二年間以上の努力規定のみで、義務規定とはなっていない。医学生のとき実習訓練を受けなかった者がいきなり医師としての権限を行使できる制度は問題である。医療関係者審議会は卒後臨床研修の義務化について積極的な答申をしているが、現在まで法制化の予定は明確ではない（阿部正和他『WIBA '96』（日本医療企画、一九九六年）三八二頁）。
(24)　矢口・前掲（注20）。
(25)　丸田隆『アメリカ民事陪審制度』（弘文堂、一九九七年）。
(26)　東京三弁護士会陪審制度委員会は、諸外国の調査研究報告書を公表してきた。

第七章　規制緩和時代の行為規制運用者としての弁護士

――民事規制強化に向けた司法改革――

一　司法の容量拡大と質の向上へ向けて

(1)　日弁連の司法改革

日弁連の打ち出した司法改革運動は、市民にとって身近で利用しやすく、納得のいく司法を市民と共に実現することを目指すものであった。そしてその後、具体的に、民事裁判運用改善、弁護士任官・最高裁裁判官任命手続の改善、法律扶助制度の拡充、当番弁護士制度の導入、弁護士報酬規定の改正等に結びついていった。

しかし、右運動の中で最も重要なテーマは、二割司法の改善、司法の容量の拡大、すなわち民事訴訟の数の拡大であった。しかるに、民事訴訟手続の改善とは別に、司法による民事救済の拡大は意識的に検討されてきたであろうか。公害や薬害の被害者も苦難の道を強いられてきたし、証券取引や変額保険の被害者等が原告として法的救済を求めたときに、その請求が適正かつ公正に認められ、これを契機にさらに民事救済の道が拡大してきたといえるだろうか。残念ながら、米国のように勝訴判決を期待して大勢の原告が法廷に押し寄せてくる状況にはなっていない。日本では、原告は被告と闘う以上に保守的な裁判官との厳しい闘いが待っているのである。司法改革運動は、この壁を破る方向へ向かうべきであり、今やその好機が到来したといえる。

その好機とは、ここ数年にわたり、不十分なものとはいえ行政の規制の緩和が進められている状況である。行政の規制（参入規制や価格規制等）を緩和すれば、経済活動の暴走を阻止するために自ずと民事規制の強化に向かわざるをえない。すなわち、事業者の一定の行為を法律上制限ないし禁止する行為規制を強化し、これに違反するときには、被害者に原状回復請求権、損害賠償請求権、差止請求権等を与え、司法的救済を拡大することである。(1)特に行政による介入型の規制を緩和するときは、市場機能を維持するためのルールの違反に対して、事後の司法救済の充実や実効が強く要請される。(2)このように、民事規制の強化は必然的に司法の容量の増加へと結びつくといえる。換言すれば、司法の容量の増加は民事規制強化という司法の質の向上と共に歩むこととなり、真に行政優位の社会から司法優位の社会へと転換できることとなる。

(2)　社会改革としての司法改革

司法改革が、従前司法の枠の中、特に弁護士会を中心に努力されてきた。これ自体歴史的に高く評価されるべきことは明らかである。しかるに、今や司法改革のあるべき方向を考察するとき、社会全体の様々な改革と関連させてとらえていくことが生産的といえる。その社会改革とは、官界が業界を支配する行政規制の緩和、これに伴う行政改革、業界が官僚へ仲介を依頼するための政治献金を規制する政治改革等である。膨大化した行政組織の削減と行政指導の縮減が中心であるといわねばならない。

このような改革は、臨時行政調査会（一九八一〜八三）、旧行革審（一九八三〜八六）、新行革審（一九八七〜九〇）、第三次行革審（一九九〇〜九三）等により取り組まれてきた。アメリカ、イギリス等でも規制緩和が推進されてきた。今やこのような大きな社会変動の中で司法改革の目的を求めなければならないし、逆に、司法の役割、弁護士の役割はこのような規制緩和時代においていかにあるべきかを具体的に考察しなければならない。

(3)　規制緩和小委員会報告書

一九九五年一二月七日、行政改革委員会規制緩和小委員会は報告書「光り輝く日をめざして・平成七年度規制緩和推進計画の見直しについて」を提出し、次のように主張する。

①　我々は、規制の緩和・撤廃によって自由放任の無責任社会を目指すことを主張しているのではない。自由には自己責任が伴うことが当然であって、ルール違反には厳しい制裁が課せられる社会であるべきだと考える。

②　規制緩和後の世界では、市場における公正かつ有効な競争の確保がポイントとなる。そのような競争の確保、一層の促進が阻害されることなく、円滑に進むよう、行政の役割はあくまでもルール作りやセーフティ・ネットの整備等の面での補完的なものであるべきと考える。全体として、規制の緩和・撤廃、市場原理・自己責任原則の徹底、競争の基本ルール遵守及びディスクロージャーの徹底は、四点セットで考える必要がある。公正取引委員会は、今後の活躍が期待されるが、自らも規制緩和を進め、効率的な組織で最大の効果を発揮することを期待する。独占禁止法の遵守とその厳正な運用は当然であり、官民ともに意識改革が必要である。

③　規制緩和が進み自己責任の原則が徹底する社会では、意見の対立は、行政によってよりも、むしろ司法によって解決されることが原則となる。その意味で、司法は規制緩和後の世界の基本インフラと言える。したがって、規制緩和を進めていくためには、我が国の司法の機能を一層充実・強化する必要がある。(3)

右のとおり、行政規制の緩和・撤廃を強力に推進させる代わりに、司法の機能を充実し、司法容量を拡大させていくこと、厳しいルールの確立、民事規制の強化、事後の司法救済の強化、独禁法の強化を併行して進めていくことが重要とされている。しかし、右小委員会には法律家が一名も入っていないため、厳しいルールとは何か、その実効性を確保する方法は何かについて全くといっていいほど触れられていない(4)。

このようなルールの確立に向けて、弁護士、法律学者、裁判官等の司法関係者が早急に具体的提言をしていくべきである。司法改革の好機ではあるが、チャンスにヒットを打たなければその責任を果たせないのであり、司法に課せられた責務は重いといえる。

(4) バブル規制の失敗と反省

右小委員会報告書は、バブル経済発生についての反省のうえに立っているといえる。これに対して、中曽根民活路線によりバブル経済が発生したときには、未だ明確にそのような厳しいルールの確立に向けての意識がもたれていなかった。厳しいルールを適用するとの意思一致のない危険な状況のままに、金融の自由化等を含む中曽根民活は出発し、経済取引は暴走するに至った。

例えば、証券会社の損失補塡は社会的に厳しい糾弾を受けた。損失補塡約束という利益誘導を伴う勧誘は、旧証取法五〇条違反であることも明白であった。この行為規制を厳格に解すれば、委託契約自体が無効または法律違反であるから違法性や故意・過失も肯定し原則として不法行為とすることもできた。(5) しかるに、従前から厳格に解釈されず、取締法規違反は有効という通念に支えられて責任を問われなかったため、損失補塡が横行することとなった。法律違反でも、何らの制裁もなければ誰でも立ち止まる必要を感じないであろう。取締法規違反に対しては、許認可権をもつ行政庁が行政指導により監督し制裁するとの建前となってきた。しかるに現実には、行政的制裁はほとんど機能してこなかった。現在のような膨大に発生している取引経済を極く少数の行政官が監督したり指導したりできるわけがないといえる。取締法規の遵守は行政が厳重に取り締まればなしうるとの幻想の上に立ってきたのであり、これを前提に取締法規違反有効論も長い間継続してきたのである。しかし、その大前提が元々確実なものとはいえなかった。特に、規制緩和時代に入って、参入規制を緩和する以上、許認可権をもつ行政庁の裁量権を尊重する法解釈を捨てるか、または発想の大転換をする必要があるのである。そのように考えるならば、右の損失補塡約束を伴う勧誘行為については、解釈論としても、違法性の存在を理由に民事制裁をすることは可能であったし、すべきであった。平成三年に明文をもって強行法規化・刑罰化したのは単にその確認作業にすぎず、ほとんど政治的理由によるものといえる。

また、変額保険等の販売に関する行為規制についての旧募取法一五条・一六条（罰則もある）によれば、将来の配当予想の記載、不実告知、重要事項の不告知、特別な利益提供を伴う勧誘等は禁止されている。(6) 従前の判例では、この条文は取締法規であるから有効であるとの解釈がとられてきた。さらに、証券信用取引の保証金規制に関する証取法四九条（罰則もある）によれば、株の信用取引に際して三割の保証金を預託しなければならないとされている。過当投機の防止、市場の健全化、証券会社と投資者の保護のため極めて重要な法規であるが、この違反についても契約は有効とされてきた。商品取引所法九七条にも同趣旨の規制があるが、違反してもやはり有効とされてきた。それ故、証券会社等は何度も違反を繰り返してきた。被害者は何回も最高裁まで争ったが、すべて最高裁はこれをはねつけてきた。(7) 大蔵省の監督権限を過度に信頼したものといわざるをえない。

なお、取締法規は民事上有効であるとし、その代わり罰則をもって遵守させるとの類型があるとも考えられているが、経済取引に罰則が適用されることは極くまれであり、特別の場合にすぎないことは周知のとおりであり、警察の力をもって取締法規の実効性を担保することもできない。結局、罰則によって高度の違法性が表現されていることをとらえて、違反すなわち民事上違法として実効性を高める必要がある。

以上のとおり、経済取引における厳しいルール（行為規制）は現在の取締法規と重なるものが多いことを前提にして、取締法規の内、従前有効とされてきた部分を狭くし、無効とする部分を拡大したり、違反を理由に不法行為とする度合を高める必要があるのである。

二　民事規制の強化

(1)　行為規制の意義

事業者に対する法律上の直接規制（行政や刑罰による規制）には、左記の種類が存在する。(8)

①　開業規制（参入規制）　営業の許認可制であり、一定の場合には許認可の停止・取消しの行政処分を課す権限を有するので、広範に行政指導をできる体制となる。

②　商品規制　商品毎に製造承認を与える規制である。

③　価格規制　監督官庁による認可、業者組合による自主決定と行政的追認等である。

④　行為規制　危害の防止措置、規格表示の適正化、契約関係の適正化、情報開示の義務化、利益相反の禁止、不正な競争制限の禁止、不公平な取引方法の禁止等である。

行政規制の撤廃・緩和とは、経済の有効競争を促進させるために右の内①②③をできる限り自由化させていくことを意味している。(9)経済の活性化、資源の効率的配分、消費者保護のために極めて重要である。これに伴って発生する経済秩序の混乱、弱肉強食の弊害、被害の発生等の防止には、逆に④の行為規制を強化することである。(10)経済的規制・社会的規制のいずれにおいても行為規制を強めることである。

新しい法律を創設したり、既存の法律の条文を改正することもありうる。しかるに、最も重要なことは、とりあえず現存の行為規制を厳格に守らせ、これの違反に対する民事制裁を重くすることである。取締法規をできる限り強行法規化することである。解釈論でも十分に対応できるし、まず発想の転換が肝要である。民事規制強化とは、行為規制に違反した者に対して被害者たる原告が訴訟により原状回復請求や損害賠償請求等をしたときには必ず救済されるということである。行政による直接規制ではないという点で間接規制といえるが、当事者のインセンティブを利用する実効性の高いものとなる。

(2)　行政規制の失敗

保険事業においては、免許制がとられていて、約款についての許可という形で商品規制を行い、料率認可の形で価格統制もなされていた。証券業においても免許制がとられ、手数料の価格規制がされている。銀行業においても免許制がとられ、現実には商品規制、価格規制がなされている。薬事法は、医薬品等の製造業者・輸入販売業者を許可制とし、各商品毎の承認を要件とし、薬価も決定される。運輸業においても、厳しい開業規制や価格規制がとられてきた。変額保険被害、証券・ワラント被害、これらに伴う過剰・不当融資問題、エイズ薬禍、ロッキード事件や佐川急便事件等の重大な社会的事件がすべて、最も行政規制の強い分野で発生している。明白に行政規制の失敗と言う他ない。すなわち、このように開業規制、商品規制、価格規制のすべてが、ある分野では有効競争原理がほとんど働かなくなり、既存業者の利益擁護に堕していき、役人の業者への天下りはこれに拍車をかけ、強い行政制裁を課することが困難となる。特に行為規制の違反にはなるべく目をつぶろうとする。現実にも労力的に、商品販売中の行為規制違反に介入することは大変であるし、チェックできる態勢にもないからである。

結論としては、右のような高度な情報産業、人体や財産に重要な被害を与える産業においては、第一に、大衆の財産を預かるに足るだけの経営財務、経営資源等を保持した企業のみが参入を許されるような「参入適格要件」審査を残して、(11) 従前の開業規制や価格規制を中心とする許認可行政を廃止し、これにより民事規制強化の前提を整え、第二に、企業の経営財務のディスクロージャー、商品やサービスの情報提供の徹底化を通じて、消費者に企業の選別、商品の選択をさせる機会を確実に与える等のルール（企業の行為基準）を明確化・具体化していくことが重要といえる。

(3)　学説の動向

学界においては、取締法規違反の行為の私法上の効力について再検討が始まっている。消費者行政法令に違反する行為の私法上の効力を積極的に否定していこうとする考え方を中心に、経済法令違反

を民法九〇条違反とする経済的公序論が主張されている。(12)

一九九六年一〇月の私法学会シンポジウムのテーマ「取引関係における違法行為とその法的処理——制度間競争論の視点から」においても、契約成立の瑕疵と内容の瑕疵、取引的不法行為の要件と効果、自己決定権侵害の意味、契約は有効としつつ損害賠償を肯定することの可否、不当利得法による救済と不法行為法による救済の関係等と共に、取締法規論の再検討、公法と私法の役割の検討が重要な課題となっている。(13)そして、既に外国法の紹介からも公的規制と民事上の効力の関係が明らかとされている。フランスにおいては、二〇世紀に入るや経済的自由主義を制約する強行法規が数多く作られたが、判例では、契約がフランス法及び社会の基本原理に反するときには、法令による明文の禁止規定がなくても広く公序違反として無効にしてきた。(14)米国の証券取引法の SEC 規則一〇b—五（詐欺的手段の禁止、重要事実の不開示や不実開示等の禁止）は当初行政法規として作られたものであり、明文では民事訴権を与えられていなかったが、判例では民事制裁規定に転化していったのであり、このようなダイナミックな対応や解釈論を貴重な参考とすべきである。(15)ドイツ民法一三四条では法律の禁止に違反する行為は法律に別段の定めがない限り無効であるとしていることをも参考に、日本でも取締法規は原則として強行規定に該当するものとし、判例で強行規定やその趣旨に反する行為を民法九〇条違反として無効にすることについて、安易に民法九〇条という一般条項へ逃避することなく原則として強行規定とその趣旨に反するものとして無効とすべしとの有力説も登場している。(16)このような考え方は、取締法令の立法理由や存在意義を常に検証することとなるので極めて正当といえる。

(4) 判例の動向

悪徳商法に対する勝訴判例が多く出されてきた状況の中で、大企業を相手方とする証券・ワラント訴訟、変額保険訴訟においても、勝訴する例がやや増加してきた。[17] 主として説明義務違反を理由として、不法行為の損害賠償義務を認めるものである。説明義務の根拠は信義則違反ばかりでなく、重要事項の告知、不実告知の禁止、不当な利益誘導の禁止等をうたう取締法規上の義務を重視しているとみるべきである。[18]

また、変額保険訴訟では、保険会社ばかりでなく銀行に対しても共同不法行為の成立を認める判決、[19] 保険契約と共に銀行との融資契約も要素の錯誤で無効とする判決等も現れている。[20] これらは、銀行に関する行為規制の具体的法令がないにもかかわらず、市場機構の根幹をなす銀行に対する行為規範形成に向けての努力であり、市場ルールの強化、民事規制の強化の歴史的幕開けといえる。

(5) 独禁法の強化

従前から長い間、独禁法の強化が叫ばれ、これについては前記報告書の中でも主張されている。公取委の審査官の増員、勧告の実施、刑事罰の強化等も重要である。特に重要案件には刑事罰は必要である。しかし、おびただしい取引において独禁法違反を効率よく制裁していくには、やはり私人による民事訴訟の活用が適している。

そのためには、独禁法違反の私法上の効力を有効とする幅を狭め、強行法規として無効とする類型を解釈上も拡大していかねばならない。[21] 競争減殺行為、不当需要喚起行為（押込み販売等）、成果冒用、営業権侵害等[22]はいずれも市場阻害行為や価格形成阻害行為に該当するとすべきものである。このような違法行為に対する制裁方法が各種法令に具体化されていることも多いが、法令中に市場阻害行為を規制する具体的規定が存在しないときにも、独禁法上の違法として契約無効や不法行為に導くべきである。

三　改革の展望

(1)　行為規制運用者としての弁護士

規制緩和時代においては、行為規制の充実化、民事規制の強化、市場機能を維持するためのルールの創造に向けて、絶えざる努力が要求される。経済取引の形態が次々に変動していくときには、そのルールも迅速果敢に変えていく必要がある。新しい立法が簡単にはなしえないならば、既存の法令を大胆に解釈していく以外ない。弁護士は、ルール創造者として、ルール遵守者として、またルール提供者として、資本主義を統制するために、あるいは欲望のままに動く人々を制御するために、専門家の道を歩まねばならない。市場ルール運用者としての弁護士像が、規制緩和時代においてすべての弁護士を統合する共通の理念である。刑事弁護についても、市場ルールを大きく逸脱する行為に対する刑事制裁の是非、あるいは市場機構の病理として現象化する犯罪に対する刑事制裁の当否という重大な課題としてとらえることができるのである。

従来から弁護士を統合する理念が多く語られてきたが、必ずしも政治・経済を含む歴史的状況の中で位置づけられてこなかった。日本における弁護士像、弁護士の役割、法曹人口問題を論じるときには、明治以来の行政権力との対置を軸に置くことが最も分かりやすく、正確といえ、かつ有効な運動論をも提起できるものである。

弁護士の在野精神論は、日本資本主義の発展が戦後に至るまで刑事弾圧によって支えられてきた中での弁護士の価値を示す点で正しい面をもつが、もはや市場機構への刑事介入は最小限にしなければならないとの政策の時代にはその意義は著しく低下する。

弁護士の専門性・独立性・公共奉仕性を強調するプロフェッション論は、行政規制の強い時代を前提とすれば、行政権力に対応する存在としてのプロフェッションたる弁護士像を提示した点で重要であった。社会のあらゆる分野に強固な行政規制がはびこり、これを尊重して自ら消極主義をとる司法と闘う弁護士は、膨大なエネルギーを要し、また精密な弁護技術を要求された。弁護士人口も、その質を維持するために限定されたもので十分であることとなる。プロフェッション論の再構築を目指す対抗エリート論も、規制緩和時代の入口において行政権力を死守しようとする行政官に対抗して、民事規制強化に向けて闘う弁護士の姿を指すものである。(23) 今までのように不透明な行政権力が社会を支配しているときには弁護士プロフェッション論が適合してきたが、もはやその前提をつきくずす時代に突入したのであり、新しい統合理念を求めるべきである。

法サービスモデル又はポストモダン的モデルは、弁護士間における競争原理、営利性を肯定し、依頼者主権を中心として、弁護士は依頼者に対価をもってサービスする専門技術者ととらえるものである。(24) 右モデルの最大の欠陥、すなわちモデルとしての不完全性は、サービスされるべき法の内容が規定されていないことである。弁護士の過剰なプロフェッション性を否定し、依頼者との間を対等な対価関係、契約関係として位置づけることに異論はない。しかし、弁護士が単に抽象的な法を提供していることは重要でなく、自由競争市場における行為規制という具体的な法を運用し創造しているという社会的価値が重要なのである。法サービスモデルは、いわば行政の規制緩和が完全に進んで民事規制の法制度や解釈論が完全に確立したときに適合するかとも考えられる。しかし、そのような理想郷は現実にはありえないであろう。行政規制の緩和をさせること自体に大きな努力を要するし、これに伴い民事規制の強化にもあらゆる法理論、法技術を動員しなければならない。弁護士は、厳しいルールを創造し、かつルールを運用する重要な任務を負うのであり、その責任は重い。依頼者主権とは反対に、弁護士自身が依頼者をリードしたり制御したりする必要があるのである。また法曹人口についても大いに議論されている。これを現在より増員することには賛成ではあるが、将来の大幅増員は行政規制の緩和の進展と共に進行させるべきであり、歴史的状況を捨象した議論は妥当ではない。また、弁護士の分野において参入規制を緩和し、市場原理を導入することは、他の分野におけると同様、弁護士倫理等の行為規制を整備・強化する中で進めるべきであることも、看過ごしてはならない。(25)さらに、ポストモダニズムの主張に関連するものとして、規制緩和小委員会報告書は「弁護士法七二条を改正して弁護士による法律業務独占を廃止し、類似の職種による部分参入も認めるべきとの意見もある」と指摘するが、このような意見が誤っていることは既に述べたことから明らかである。

市民派弁護士から主張されている民衆の弁護士論は、前記のとおり規制緩和時代に入って、経済取引の中で様々な被害者が発生するときこの代理人として果敢に挑戦していく弁護士の姿を示すものである。(26)庶民たる原告の代理人と位置づけるものとして理解する限りでは適切な説明といえる。しかし、経済取引においてルールを逸脱した被告に対しては、中小企業や大企業が原告となることもある。また、市民から訴えられた企業といえども行きすぎた制裁を受ける必要はない。すなわち弁護士は、被害救済をするため原告側に立つばかりでなく、被告側ではそのルールが適正か否か、その適用が妥当か否かをチェックすることがその任務となる。すべてを統合する理念としては、民事規制の運用者としての弁護士像である。

弁護士にとって、特に企業に対して市場ルール、行為規制を遵守させることがいかに重要な業務であるかは、最近における取締役の責任追及、株主代表訴訟の隆盛からも分かる。すなわち、企業の取締役はこれまで行政指導に従うことを第一の任務と考えてきたため、企業が主体的にルールの確立に努力してこなかった。[27] しかし、今後は行政指導に追随することはできなくなり、弁護士の指導に従う必要性が高まり、弁護士業務への企業の需要は必然的に増大するといえる。

⑵　法律家の協力と法政策学

前述のように、民事規制強化に向けた立法及び解釈論の展開にはまず発想の大転換が必要である。そのためには、行政の規制のない状況での経済取引の実態に触れる必要がある。我々弁護士はバブルのときに、人々がいかに経済的欲望のままに突っ走ったかを見てきた。規制緩和時代にはこのような動物的人間をどのようにコントロールできるかが課題となる。それ故、このような人々に最も身近に接する機会の多い弁護士がまず第一に様々なルールを提言していく必要がある。そして、このような現場の声を裁判官や学者も敏感に受けとめて積極的に取り組んでいかなければ、市場機構は危険に瀕し、被害者は累々たるものとなってしまう。

裁判官、学者、弁護士の人的交流は非常に重要となる。弁護士会は弁護士から裁判官になる運動を進めているが、裁判官が弁護士になったり、学者が弁護士や裁判官になったりすることももっと活発にするべきである。国公立大学教授の兼職規制を撤廃し、弁護士への道を開くべきである。法律学はしょせん実学であり、社会に多発する紛争の解決に役立たなければならない。学者にとっても早い時期に現場の生のデータに触れることは、学問的業績を挙げる上で極めて有効といえる。また、法社会学が規制緩和時代のルール確立に向けて果たす役割は大きいといえる。いかに整合的にみえる解釈論であっても、社会的混乱を鎮静できないようなものは、法社会学的に批判されてしかるべきである。取締法規有効論が行政の監督や指導により法令の取締りもされ目的も達成されてきたとの幻想の下に継続してきたことを考えれば、その現実の無法状態を調査し、解釈論に反映することもできたはずである。法社会学と実定法学との交流と提携は不可欠といえる。現在の日弁連の規制では実定法を扱わない法社会学者は弁護士になれないが、今後法社会学者も実定法学に関与し、日弁連も規制を緩和して相互参入を強めるべきである。市場ルールや行為規制の形成に向けての解釈論や立法論の検討は、法政策学というべきものを念頭において進める必要があり、学者、裁判官、弁護士は協力してこれに取り組むべきである。(28)

四　規制緩和の評価

(1)　保守主義とリベラリズム（寛容主義）

規制緩和小委員会報告書の主張を初めとする行政規制の緩和・撤廃の政策は強力に推進させるべきである。このような考え方を、バブル発生の原因ともなった中曽根民活と同一視して非難すべきではない。また、経済政策におけるいわゆるリベラリズムを排斥し、保守主義に与するものというべきではない。すなわち、保守主義とは、アダム・スミスの自由放任主義、ミルトン・フリードマンの自由競争重視の思想であり、歴史的には、サッチャーの市場万能主義、小さな政府、自由化・民営化路線、各種規制の撤廃、福祉政策の見直し、所得税減税等がその一つの例である。しかし、フリードマンは自由・透明・公正な完全競争市場をつくることを「政府の役割」とし、貨幣の量を一定とするマネタリズムを骨子としていた。これに対して、リベラリズム（寛容主義）は、ケインズの「レセフェールの終焉」、財政金融政策による政府の市場介入の経済思想を中心とし、雇用確保、社会的弱者保護、所得再分配、社会福祉等を重視するものである。しかし、賢明でない政府によるケインズ主義的施策は、必ずや財政規模のとめどない拡大を招き、いたずらに政府を大きくするし、賢明な政府によるケインズ主義的施策は、必ずしも大きな政府を結果しないともいわれてきた(29)。いずれにしろ歴史は、どちらに偏ったとしても保守主義とリベラリズムのミックスであり、日本が行政規制の緩和路線をとってもまた同様である。しかし、日本のバブル経済においては、二つの思想の欠陥のみが際だってしまったのである。すなわち、中曽根民活路線は、自由・透明・公正な市場ルールを成立させる努力をすることなく、かつ、マネタリズムからの逸脱をして貨幣の量を膨張させた上に、賢明でない政府による水膨れ的財政赤字をもたらしたのである。すなわち日本においては、マクロ経済政策の失敗の上に行政規制の失敗が重なってしまったのである。

今回の前記報告書は、このような失敗の反省の上に立って、行政改革、規制の緩和・撤廃、自由・透明・公正なルールの確立を唱い、他方、福祉政策の削減には踏み込んでいないものであり、総論においては十分評価すべきものといえる。

(2)　今後の方向

行政指導等の責任を問う国家賠償訴訟も、薬害や公害では認容されたものもあるが、決して広き門ではなかった(30)。変額保険事件等では大蔵省の責任が最も重いとも考えられ、国家賠償責任を問いたいところだが、従前の判例では困難と思われ、訴訟も提起されていない。しかし、今まで被害者や弁護士はぎりぎりまで国の規制責任を追及してきた。この歴史は承継しつつも、新しい道へ出発しなければならない。弁護士会においても、民事規制の強化、弱者保護を条件に、経済的規制や行政的規制の撤廃・緩和の肯定路線に大きく踏み出すときである。

(1) 松本恒雄「消費者の権利と『民活』のススメ」法律時報六五巻一三号(一九九四年)四頁。
(2) 上村達男「金融・証券分野における規制緩和」ジュリスト一〇四四号(一九九四年)七二頁。
(3) 多くの経済学者の意見といえる。小委員会のメンバーでない方の代表的な意見として、島田晴雄「司法基盤の強化と法曹人口の増員」ジュリスト一〇八三号(一九九六年)八九頁。
(4) 経済学者の意見に対する同様の批判として、上村・前掲(注2)七二頁。
(5) 上村達男「損失保証・損失補塡の法律問題」商事法務一二五七号(一九九五年)九頁。
(6) 新保険業法三〇〇条。
(7) 青竹正一「委託証拠金を預託しなかった場合の未清算金の請求」別冊ジュリスト一三五号「消費者取引判例百選」(一九九五年)三八頁。
(8) 竹内昭夫『消費者保護法の理論――総論・売買等』(一九九五年)四四頁〜四七頁。
(9) 但し、危険物や薬品等についての商品規制は緩和する必要がないと考える。
(10) 植草益『公的規制の経済学』(筑摩書房、一九九一年)二一〜二九頁、二七一〜三〇六頁、上村・前掲(注2)七二〜七五頁。
(11) 植草・前掲(注10)二九九頁。
(12) 長尾治助「消費者取引と公序良俗則」NBL四五七・四五九・四六〇号(一九九〇年)、大村敦志「取引と公序――法令違反行為効力論の再検討(上・下)」ジュリスト一〇二三号(一九九三年)八二頁、一〇二五号六六頁、山本敬三「取引関係における公法的規制と私法の役割(上・下)」ジュリスト一〇八七号(一九九六年)一二三頁、一〇八八号九八頁。
(13) 奥田昌道「取引関係における違法行為とその法的処理――本連載の趣旨・総論」ジュリスト一〇七九

号（一九九五年）八七頁。

(14)　山口俊夫「現代フランス法における『公序（ordre public）』概念の一考察」国家学会百年記念『国家と市民』第三巻（有斐閣、一九八七年）五一〜五三頁。

(15)　近藤光男「不公正な証券取引規制に関する一考察——証券取引法一五七条と規則一〇b—五の比較」『現代企業と有価証券の法理』（有斐閣、一九九四年）一七一頁。

(16)　石田穣『民法総則』（悠々社、一九九二年）二八二〜三〇二頁。なお、法規制違反契約は原則として無効とし、私益的不公正の惹起の場合には治癒するとの説もある（三間地光弘「法規制に違反する契約の効力」九大法学六六号（一九九三年）九三頁）。

(17)　清水俊彦「投資勧誘と不法行為」判例タイムズ八五三号（一九九四年）二三頁、同「再論」判例タイムズ八七七号（一九九五年）四頁。

(18)　ワラント訴訟につき、大阪高判平成七年四月二〇日判例時報一五四六号二〇頁、東京地判平成七年六月一九日判例時報一五六六号三九頁。変額保険訴訟につき、東京地判平成七年三月二四日判例時報一五五九号七〇頁（控訴審　東京高判平成八年一月三〇日金融商事判例九九五号二一頁）。

(19)　大阪地裁堺支部判平成七年九月八日判時一五五九号七八頁（保険料と解約返戻金との差額金、銀行への支払利息等を損害とした）、富山地裁平成六年(ワ)第二一〇号平成八年六月一九日判決（解約権の不行使の状況で銀行への支払利息等を損害とした）。

(20)　東京地裁平成五年(ワ)第二四六一一号平成八年七月三〇日判決（保険契約と融資契約を共に要素の錯誤により無効とした）。なお、横浜地裁平成五年(ワ)第三七一九号平成八年九月四日判決（保険契約を要素の錯誤で無効とするが、銀行に対しては不法行為のみを認めた）。

(21) 渡部晃「独占禁止法違反と公序良俗則」自由と正義四七巻五号（一九九六年）六五頁。
(22) 田村善之「競争法における民事規制と行政規制」ジュリスト一〇八八号（一九九六年）五六頁。
(23) 宮川光治「あすの弁護士」『変革の中の弁護士』上（一九九二年）一頁。
(24) 棚瀬孝雄『現代社会と弁護士』（一九八七年）第七章二一七頁、那須弘平「弁護士職をめぐる自由と統制」『変革の中の弁護士』上（一九九二年）一〇七頁。
(25) 遠藤直哉「中立型調整弁護士モデルの展望」『変革の中の弁護士』下（一九九三年）二六七頁。
(26) 塚原英治「自由競争論の中の弁護士像と民衆の弁護士」自由と正義四七巻二号（一九九六年）七八頁。
(27) 遠藤直哉「取締役の賠償責任の分割軽減化——株主代表訴訟における和解の活用（上・中・下）」商事法務一四一二号（一九九六年）二四頁、一四一三号二四頁、一四一五号二四頁。
(28) 平井宜雄『法政策学』（有斐閣、一九九五年）。但し、今後は各実定法の目的と機能についてより具体的・実証的に検討すべきであろう。
(29) 佐和隆光『平成不況の政治経済学』（中公新書、一九九四年）四頁〜七二頁。
(30) 北村和生「クロロキン薬害訴訟上告審判決」ジュリスト一〇九一号（一九九六年）三六頁。

〔資料〕　法科大学院（ロースクール）問題に関する第四次報告書

平成一二年七月六日

第二東京弁護士会

会長　川端和治殿

法曹養成二弁センター

委員長　遠藤直哉

第一　報告書の趣旨

当会は、昨年一〇月一二日、当委員会がとりまとめた「法科大学院（ロースクール）問題に関する第三次報告書」に基づいて、「法科大学院（ロースクール）問題に関する提言」を公表し、法曹一元制の下での法科大学院制度及び研修弁護士制度を提言した。いわゆる法科大学院（日本型ロースクール）問題に関しては、昨年設置された司法制度改革審議会における重要検討事項の一つとされ、また、当会の提言公表の前後より、各大学などによって法科大学院構想が次々に公表された。そして、先般、「法科大学院（仮称）に関する検討にあたっての基本的考え方」をとりまとめた司法制度改革審議会の依頼に基づいて、文部省内に「法科大学院（仮称）構想に関する検討会議」が設置され、法曹養成機関としての法科大学院の設置が具体的に検討されるという状況に至った。

このように、当会が上記提言を公表した後、法科大学院構想は急激に具体化しつつあり、もはや法曹養成制度を論じる際に法科大学院の設置という事態を避けては通れない状況となっている。

また、この間各大学によって公表された法科大学院構想の中には、法曹養成を念頭に置かない、単なる大学改革のための法科大学院を構想しているのではないかと思われるものも散見され、法律実務家の立場からこれら大学改革のための法科大学院構想に一石を投じ、あるべき法曹養成制度の観点から法科大学院構想を具体的に論じる必要性も感じられるところである。

もとより、当委員会においても、上記提言の公表後、昨年一二月三日に開催された当会主催の法曹養成シンポジウム（「二一世紀のあるべき法曹養成制度——法科大学院（ロースクール）構想をめぐって——」）などにおいて各方面から寄せられた意見、さらには、その後公表された各大学及び弁護士会による法科大学院構想その他法科大学院に関する意見などを集約・検討し、さらには、ニューヨークをはじめとする海外調査の結果などをふまえ、あるべき法曹養成制度としての法科大学院に関する研究を深めてきたものであるが、本報告書は、最終的にはあくまでも法曹一元制下の法科大学院制度を目指しつつ、上記のような情勢をふまえ、法律実務家の立場からあるべき法科大学院制度のひとつの具体的なイメージを提示しようとするものである。

第二　結　論

1　法科大学院制度及び研修弁護士制度を中心とした法曹養成制度の創設

(1)　あるべき法曹養成を達成するための制度として、二〇〇三年から二〇一三年までの期間に、おおむね以下のようなところを制度の骨子とする法科大学院制度及び司法試験制度を創設すべきである。

また、現行司法修習制度は、その利点を生かす形で、法科大学院課程に発展的に解消していくべきである。

① 教育目標

法科大学院における教育は、学生に法の理念、法律家の役割・使命及び法曹倫理についての十分な理解を与えるとともに、法による正義の実現のために必要な技能（事案分析能力、問題解決能力、書面及び口頭で説得する能力など）を備えさせることを目標とすべきである。

また、社会の多方面において法曹資格を有する実務家が必要とされつつある状況に鑑み、法科大学院は、狭義の法曹のみならず、企業法務、行政官、研究者を志望する者をその対象とすべきである。

② カリキュラム

上記①の教育目標を達成するために、少なくとも以下の教育内容が法科大学院のカリキュラムに盛り込まれる必要がある。

(a) 法曹倫理教育

弁護士会の倫理研修（特にディスカッション形式の研修）を参考に、具体的な事例を想定して、法律家としていかに行動すべきかという点について討論する教育を中心とする。

(b) 現行法及び隣接諸科学についての幅広い教育

基本六法、特別法、外国法、隣接諸科学について、多くの講座を設け、かつセミナー形式等を用いることによって、単なる知識の取得にとどまることなく、現行法等を批判的に検討する教育を行うべきである。

(c) 実務技能教育

具体的な事件を素材とした教材を使用し、問題研究、文書（訴訟関係文書に限られない）の起案、模擬裁判、交渉術研究、カウンセリング技術研究などを通じて、法律実務家に必要な事案分析能力、問題解決能力、説得技術等の基礎を教育する。ここでいう実務技能教育は、学部段階で培われてきた問題発見、事実・文献調査、問題分析・批判能力、表現発表能力など基礎的な学問研究方法の実務応用への入口であると同時に、三年次の臨床教育の準備過程となっている。

(d)　臨床的教育

学生に「生きた事件」を経験させることを通じて、実務への応用能力を磨く。教官の指導・監督（同席）の下で学生に具体的な事件を取り扱う権限を付与したうえでの教育を目指すべきである。また、臨床的教育において取り扱う事件については、弁護士会・法律扶助協会と提携のうえ、国選弁護事件、当番弁護士事件、法律扶助事件、クレサラ事件、少額事件などを教官の指導の下で取り扱えるようにし、そのためにも、法科大学院附属の法律事務所を設置し、同事務所で受任した事件を取り扱うような制度設計が検討されるべきである。

③　教育の形式

上記②のカリキュラムを効果的に行うために、少人数クラス及びセミナーを中心とする教育の形式をとるべきである。

④　年限

法科大学院は三年の課程とすべきである。

⑤　学部段階での教育

法科大学院における教育の前提として、学部段階において充実した一般教養教育ならびに基礎法学及び基本法についての教育がなされるべきである（ただし、他学部出身者については、全員が学部段階で法学関連科目を履修することが期待できないため、法科大学院において補習コースを設けるべきである)。

⑥　入学選考

法科大学院の入学選考は、受験生が上記学部段階での教育内容を十分に理解しているかどうかを試すことをその指針とすべきである。特に、一般教養に関する試験については、他学部出身者を含めた統一試験の導入も検討されるべきである。

なお、他学部出身者が必ずしも法学関連科目を履修していないことに鑑み、他学部出身者については一定の入学枠を設け、一般教養科目の試験以外については別の形式の選考方法を考慮すべきである。

⑦　夜間部の設置

別に職業を持ちながら法律実務家を目指す社会人などのために、夜間部を設置すべきである。

⑧　成績評価・卒業

プロセスとしての養成過程を重視するためには、在学中の成績評価及び卒業の認定に際しても、定期試験・卒業試験の成績のみで評価すべきでなく、学生の授業への参加状況等いわゆる平常点も含めて評価すべきである。

⑨　教官

法科大学院のカリキュラムを実効性あるものにするためには、法科大学院においては弁護士をはじめとする実務家が教官となり、学者と協力しながら教育を実施していくことが必須である。

⑩　経済的手当

法律実務家を志望する者が法科大学院の学費を賄うことができないために法科大学院での教育を受けられないという事態は避けるべきであり、文教予算及び現行司法修習制度の下で司法修習生に支給されている給与分等の国家予算を財源として、充実した奨学金制度または無利息の学費貸与制度を創設すべきである。

⑪ 法科大学院の数及び配置

法科大学院における教育内容を充実したものとし、かつ地域的なバランスにも配慮するならば、制度創設の当初においても、法科大学院は各高等裁判所管内に最低一校は設置すべきであり、かつ全国に最低一〇校の法科大学院が必要であると思料する。もちろん、上記①ないし⑨のような教育態勢を備え法科大学院の認可基準を満たせば、法科大学院は何校でも設置できるとすべきであり、法科大学院の数自体を制限するべきではない。

⑫ 法科大学院の運営に対するチェック

法科大学院が法曹養成制度の重要な部分を担うことに鑑み、弁護士会、裁判所、法務省、文部省及び大学によって構成される委員会を組織し、必要な教育プログラムの内容をはじめとする法科大学院の認可基準を策定し、かつ認可を受けた法科大学院がその後も認可基準を満たしているかどうかをチェックする機能を果たすべきである。

⑬ 新司法試験

法科大学院において上記のような内容の教育がなされることを前提として、法科大学院卒業生に対して真の意味での資格試験たる司法試験を課すべきである。新司法試験は以下のような科目構成とし、合格者には弁護士資格を与えるものとする。

(a) 法曹倫理

(b) 法律知識（現行司法試験より科目数を大幅に増加する）

(c)　科目横断的な事例問題（事案分析・問題解決能力を試す）

(2)　法曹養成制度の中心的存在ともいうべき臨床的教育を補完するため、及び将来の法曹一元制下の法曹養成制度を実現するための一里塚として、研修弁護士制度を併せて導入すべきである。

すなわち、法科大学院を卒業し新司法試験に合格して弁護士資格を取得した者のうち、法曹三者を志望する者に対しては、研修弁護士として二年間の研修を受けることを義務づけ、研修弁護士課程修了後初めて裁判官、検察官に任官できるものとする。

研修弁護士の身分・権限は弁護士と同一とし、必ずしも指導弁護士の同席を要件としないが、所属事務所の指導弁護士の指導に従うこと、及び弁護士会が実施する集合教育に参加することを義務づけるものとする。研修弁護士は、有給とする。

2　新制度への移行方法及び法曹一元制の実現についての提案

上記の制度を実現するために、法科大学院への学生の受入開始の目標を二〇〇三年四月とし、その後以下のような移行過程を設けるべきである（なお、別紙「法科大学院及び法曹一元への移行過程」参照）。

(1)　法科大学院創設（二〇〇三年）までの準備段階

①　弁護士会、裁判所、法務省、文部省及び大学関係者を中心として、法科大学院の認可基準の策定及び法科大学院の教育内容のチェックのための委員会を組織し、具体的な認可基準の策定作業を行う。

②　法科大学院において、学生が教官の指導・監督の下に実際の具体的な事件（「生の事件」）を取り扱う権限を付与するための立法措置等の法整備を行う。

③　弁護士会においては、研修弁護士制度の準備委員会を組織し、研修弁護士制度創設に向けての具体的

検討に入るとともに、法科大学院の教官の確保及び教官に対する実務的・経済的サポート態勢（実務教育プログラム・教材等の検討、教官に対する経済的手当など）について検討する。

(2)　法科大学院制度創設後二〇一三年まで（一〇年間）

①　法科大学院は全体で三年の課程とするが、法科大学院創設後直ちに法科大学院において充実した臨床的教育がなされることは現実には困難であると思われるので、当面は、法科大学院において二年間上記カリキュラムのうち臨床的教育を除く部分を中心として教育を行うとともに、法科大学院の三年目において、いわゆるエクスターンシップ（外部委託）として、下記の実務修習を行い、単位を付与することとする。

現行司法修習制度の前期修習に該当する部分は、法科大学院の二年間のカリキュラムの中に発展解消する。

現行司法修習制度を弁護士会を中心として法曹三者が協力して運営する形式とし、法科大学院の三年生に対して臨床的教育を実施するシステムとして運用する。年限は一年とし、学生に具体的な事件を取り扱う権限を付与したうえで、弁護修習を中心とした実務修習を実施する。

②　もちろん、この期間中においても、学生に対する事件取扱の権限付与を前提とする臨床的教育を実施する態勢が整ったとして認可を受けた法科大学院は、認可を取得した直後に開始する年度より三年間の法科大学院課程に移行することができ、その場合、三年の法科大学院課程を修了した者は、上記実務修習を履修することは必要でない。

③　上記実務修習を終了した者を含めて三年の法科大学院課程を終了した者は、新司法試験を受験する資格を取得し、司法試験の合格者には弁護士資格が付与される。

④　研修弁護士制度（二年）を発足させる。法科大学院を卒業し、新司法試験に合格して弁護士資格を取得した者は、全員研修弁護士として二年間の研修を受ける。
⑤　弁護士会は、法科大学院の教官の供給に務める（そのための経済的手当も含む。）とともに、将来の法科大学院の具体的なカリキュラムの内容及び教育方法等について検討する。さらに、弁護士会は、法科大学院における臨床的教育実施のための準備を行う。
⑶　二〇一三年以降
①　法科大学院を三年の課程とし、実務修習を三年次の課程に発展的に移行するとともに、学生に対する事件取扱の権限付与を前提とする完成された臨床的教育を行う。
②　研修弁護士制度（二年）は、少なくとも法曹一元制の実現まで存置する。
⑷　二〇一六年以降（法曹一元制の実現）
①　法科大学院創設時の入学生が法科大学院を卒業し、その後弁護士（研修弁護士の期間を含む。）として一〇年の経験を経ることとなる二〇一六年を目標として、判事補の採用を停止するとともに、弁護士経験一〇年以上の者から判事を採用する法曹一元制を実現する。
②　研修弁護士制度は、法曹一元制実現の時点で、なお法曹養成の観点から存続の必要性があるかどうかを改めて検討する。

3　弁護士会の関与のあり方

法科大学院及び研修弁護士制度を中心とする新しい法曹養成制度の下において、弁護士会は、以下のような役割を果たすべきである。

(1) 法科大学院の認可基準の策定、法科大学院の運営状況のチェック（裁判所、法務省、文部省、大学等との共同委員会の組織）
(2) 法科大学院の実務家（弁護士）教官確保、実務教育プログラムの策定その他実務家教官に対するサポート
(3) 法科大学院における臨床的教育の運営及び管理
(4) 研修弁護士制度の運営

第三　法曹養成制度のあり方と現行制度の問題点

1　法曹養成のあり方

法は、人間社会が秩序と調和を維持し、かつ、人間の正当な利益を擁護し社会正義を実現するために、人間自身が編み出した人間のための規範であるところ、このような法の目的が現実に達成され社会正義が実現されるためには、実際に法を運用する者が私利私欲や権力に流されることなく、常に法の理念をわきまえつつ法を運用していくことが必須の条件である。もちろん、法を運用する者は、正確かつ幅広い法律知識を有し、かつ人間の営みから生起する具体的な事実関係に対して正しく法を適用できる技能を備えていなければならないことは当然である。

したがって、法律実務家の養成、すなわち法を運用する者の養成は、なによりもまず、法律実務家を目指す者が人間および人間社会に対する深い理解を身につけるとともに、そのことを背景として、法の理念および目的、ならびに法律実務家の役割すなわち法曹倫理を十分に理解し、その上で、広くかつ深い法律知識、及び事実に対して法を適用し、個々の人間の権利を擁護し社会正義を実現していく技能（その前提として人

間の営みに対する十分な理解が必要となることは当然である）を修得するようなものでなければならない。

2　あるべき法曹養成制度の観点から見た現行制度の問題点

法曹養成が本来目的とすべき上記のところを念頭に置きつつ日本の法曹養成制度の現状を見るとき、残念ながら、現行の法曹養成制度は、法律実務家養成の目標を制度として実現しうるものではないといわざるを得ない。

(1)　大学における法曹養成教育の不在

まず、現在の大学においては法曹養成を念頭に置いた教育がなされておらず、法学専門教育もその大部分は必ずしも実務との関連性を意識した教育とはなっていないばかりか、本来大学において最も効果的になされうるはずの、一般教養教育及び基礎法学もすべての学生に対して十分に行われているとはいえず、学生が基礎的な法律知識を実務との関連において理解することのみならず、人間および人間社会に対する幅広くかつ深い教養及び法の理念・法曹倫理を修得することも制度的に保障されていない。そして、本来十分な教養及び実務との関連における法律知識を身につけている者を前提として、これらの者に実務家としての基本的な技術および技能を教育することを目的とする司法修習は、このように必ずしも法律実務家としての基本的素養を修得していない者に対して教育を行わなければならず、その教育効果は大幅に減殺されざるを得ない。

(2)　現行司法試験の問題点

現行司法試験は、本来法曹、すなわち裁判官、検察官または弁護士となろうとする者に必要な学識及びその応用能力を有するかどうかを判定することをその目的とする試験であるはずである（司法試験法一条一項）。

ところが、現実には、現行司法試験は、事実上その収容能力に限界がある司法研修所への入所試験、すなわち選抜試験として機能してきたというのが実状であり、合格者数が増加した近年においてもその合格率はなお三％前後の低率である。しかも、近年は、教養選択科目が試験科目から除外され、また、論文式試験の科目が基本六法に限定され、さらには口述試験の科目も五科目に限定されることとなり、真の意味において、法曹となろうとする者に必要な学識及び応用能力を問いうる試験制度であるかどうか疑問である。

このような現行司法試験の状況及び大学における法曹養成教育不在という現状において、学生は、司法試験予備校において受験テクニックを磨くことに多大な時間と労力を費やし、その結果、必ずしも法曹となるために必要な教養及び法の基礎的な理解を身につけないままに司法試験に合格し司法修習を受けることとなる弊害が、各所において指摘されるに至っている。

(3)　現行司法修習制度の限界

さらに、現行司法修習制度自体も、その基本的な教育方針及び時間的な制約などのために法廷実務を中心とする実務技能の教育中心とならざるを得ず、法廷実務以外の場面における法律実務の教育が必ずしも充実しているとはいえず、また、実務教育の前提となる一般教養や基礎的な法の知識についての教育をそもそも予定していないという質的な問題があるほか、近時、弁護士会の強い反対にもかかわらず修習期間が二年から一年六か月に短縮され、さらに修習生が増員されていることによって、量的な面においても今後も十分な実務教育がなされる状況にあるか、大いに疑問である。

3　法科大学院創設の必要性

以上のような現行法曹養成制度の問題点を克服し、法曹養成の目的に適った法律実務家の養成制度を構築するにあたり、法科大学院を中心とする制度は、以下のとおり多くのメリットを有し、現時点で考え得る最適な制度になりうるものと思料する。

(1) 実務を念頭に置いた一貫性のある教育の可能性

法曹養成の目的を最も効果的に達成しうる教育制度は、基礎的な法の理念や法曹倫理、法の基礎的な知識などと実務における技能教育とが一貫性を持って教育されることであり、理論教育と実務教育とが同一の教育機関で同時並行的に教育されることが最も効率的かつ合理的である（そもそも、法学教育において理論と実務とを完全に分離することができるものなのか、大いに疑問である）。

その意味で、学部段階において一般教養とともに法の理念及び基礎的な法の知識を習得した上で、法科大学院において実務教育を行いながらさらに法の理解を深めていく教育方法は、法曹養成のひとつの理想的な形であるといえる。

(2) 複数の大学院の設置可能性

現在、法学部を有する大学は全国ですでに九〇余に上り、法学教育における社会的な基盤を形成しており、その基盤の上に配置地域のバランスを考慮しながら複数の法科大学院を設置し、そこにおいて司法研修所を中心として培われてきた実務教育のノウハウを提供するなどして一定の実務教育を施すとする方が現実的である。その方が、複数の司法研修所を設置し、同時に大学において実務と直結した法学教育を模索することよりもはるかに容易である。

(3) 法曹養成のコストの軽減

法科大学院において法曹養成の目的を十分に満足させうる教育がなされることを当然の前提に、一定の年限法科大学院の教育を受けた者が高い合格率をもって司法試験に合格し、法曹資格を取得できる制度は、法律実務家を志望する者に対して、法曹資格取得までの道程を予測させることのできるものであり、大学の学費の他に低額とはいえない司法試験予備校の費用も負担しながら、合格の保証のない司法試験を長期に続ける傾向になりがちの現行制度に比べ、結果として法曹養成に関する個人的及び社会的なコストを軽減することになる。

第四　法科大学院の概要

1　教育目標、教育の対象

法科大学院における教育は、上記の法曹養成のあり方を十分に反映させたものでなければならない。

すなわち、法科大学院における教育は、法の理念及び法律家の役割・使命をわきまえ、法曹倫理を十分に理解し、かつ、法による正義の実現のために必要な技能を備える法律実務家の養成を旨としなければならない。そして、法による正義の実現のために必要な技能とは、具体的な事案に臨み、事実を的確に分析・把握し、分析・把握された事実に対して正しく法を適用して妥当な解決方法を選択し、かつ、実際に書面及び口頭による主張・立証活動を通じて、妥当な解決を実現していく技能であるべきである。

また、社会の多方面において法曹資格を有する実務家が必要とされつつある状況に鑑み、法科大学院は、狭義の法曹のみならず、企業法務、行政官、研究者を志望する者をその対象とすべきである。

2　カリキュラム

法科大学院における具体的なカリキュラムの策定は、原則として各法科大学院が行うべきものであろうが、法科大学院が法曹養成制度の中に位置づけられていること、及び特に原則として法科大学院の卒業生にのみ司法試験の受験資格を与えることとなることを考慮に入れるならば、少なくとも法科大学院のカリキュラムは以下のような項目を含むものでなければならない。

(1) カリキュラムの根幹

法曹養成としての教育目標を達成するためには、法科大学院のカリキュラムは、少なくとも以下の事項を十分に理解させるようにするものでなければならない。

① 法曹倫理

② 現行法及び隣接諸科学の幅広い理解

③ 実務技能教育

(a) 事実の分析・問題解決の技術

(b) 事実及び法令の調査技法

(c) 書面及び口頭での表現力（説得の技術）

④ 臨床的教育

(2) カリキュラムの具体的内容

① 法曹倫理教育

学部段階（または、他学部出身者に対する法科大学院における補習コース）において基礎法学科目を履修することにより、法の理念および法律実務家の役割についての一般的な理解が得られていることを前提に、法科大学院においては、具体的な事例を想定しつつ、そこにおいて、法律実務家としていかに行動すべきかということを議論していくべきである。

具体的には、現在弁護士会で行われている倫理研修を参考としつつ、教育対象が学生であることを考慮して、その内容および方法を検討すべきである。

② 幅広い法律知識の取得および隣接諸科学の理解

基本六法はもちろんのこと、特別法（租税法、労働法、行政法、倒産法、証券取引法、経済法、消費者取引関連法、国際取引法など）、外国法、及び隣接諸科学（経済学、経営学、社会学、心理学、会計学、社会政策、経済政策など）についての講座を多数設けるべきである。

また、教育の内容は、単なる現行法の解釈にとどまることなく、現行法およびその運用の問題点を明らかにし、これを批判的に検討することが必要である。

さらに、実務に対応できる知識とするために、科目横断的な授業（たとえば、商法、証券取引法及び会計学をセットで教えるなど）もあわせて工夫すべきである。

この分野の教育は、基本的には学者教官の領域に属するものと考えるが、各法分野についての実務の現状を知るために、それぞれの法分野の実務に詳しい実務家を講師とする教育プログラムも適宜取り入れるべきである。

③ 実務技能教育

法律実務家の養成機関としての法科大学院においては、上記の法曹倫理教育ならびに法律及び隣接諸科学についての教育と併行して、法律実務家として現実の事件に法を適用して妥当な解決を図るための基礎的な技能について教育することが必要かつ有効である。具体的には、事実の分析及び問題解決の技法とその前提となる事実・法令の調査技法、ならびに問題解決に向けて当事者や裁判官などに対して書面及び口頭で説得を行う技術を修得する必要がある。

実務技能教育の方法は、実際の事件を素材にした資料に基づいて、与えられた事実から法律的な問題点を抽出し、あるいは、さらに必要な事実関係を補充するなどして（そのためにどのような証拠資料が収集できるかという点の検討も含む）、一方当事者または裁判官の立場に立って、妥当な解決方法を見出し、さらに問題の解決のために書面または口頭で説得を行わせることを基本とすべきである。

具体的な教育手段としては、事案の分析、法的問題点の抽出及び妥当な解決方法などについて議論する問題研究、妥当な解決を図るための書面による説得技術を教育する法律関係文書（訴訟関係書面、契約書等）の起案、同じく口頭での説得技術を教育する模擬裁判、交渉術研究などが考えられる。

実務技能教育の教育効果を上げるため、教育の素材となるべき事件は、現実にできるだけ新しい「生の事件」を選択すべきである。

実務技能教育については、現在司法研修所で行われている前期および後期の修習（起案および問題研究）が参考となるが、法科大学院において実施することで、学問の自由が保障される中でのより批判的な視点からの教育が可能となり、また、より少人数での幅広くかつ充実した教育が可能になる。さらには、法曹倫理についての教育と同時並行的に教育を施すことによって、より効果的な教育ができる。

科目については、民事実務および刑事実務の二科目とし、いずれも弁護実務を中心とすべきである。また、民事実務は、さらに裁判実務及び裁判外実務に分類されるべきである。

④　臨床的教育

法律実務家の養成のために最も効果的な方法は、学生を「生きた事件」に触れさせながら、実際の事件の中で法律実務家がどのように行動しているかを肌で感じさせ、それと共に法律実務家としていかに行動すべきかということを考えさせることである。その意味で臨床的教育こそ、法曹養成の中心に据えられるべきである。

具体的には、現行司法修習制度の中の実務修習、特に弁護実務修習を大いに参考とし、さらに質および量を拡充すべきである。また、弁護士資格を有する実務家教官の立会及び指導の下での無料法律相談なども実施可能である。

そして、最終的には、教官の監督を条件に学生に「生の事件」を取り扱う権限を付与した上で、臨床的教育を行うことを目標とすべきである（もちろん、そのためにはしかるべき法整備が必要となる）。

臨床的教育において取り扱う事件については、弁護士会・法律扶助協会と提携のうえ、国選弁護事件、当番弁護士事件、法律扶助事件、クレサラ事件、少額事件などを教官の指導の下に取り扱えるようにする。そのためにも、法科大学院附属の法律事務所を設置し、同事務所で受任した事件を取り扱うような制度が望まれる。

(3)　教育の形式

上記(2)のような内容のカリキュラムを実のあるものにするためには、教育の形式は、必然的に少人数クラスでの教育、およびセミナー中心の教育となるはずである。

(4)　法科大学院の年限

上記(2)のカリキュラムに従って教育効果を上げようとすれば、必然的に相当の時間を要するカリキュラムとなるはずであり、現在司法研修所で実施されているようなきわめて短時間の教育プログラムでは十分な教育ができないことは明らかである。

具体的には、上記(1)および(2)のカリキュラムを十分に消化するためには三年程度を要するはずであり、したがって、最終的には法科大学院の年限も三年とすべきである。

(5)　学部（法学部）教育の役割

上記のような法科大学院のカリキュラムを前提とするならば、現行の法学部は存置しつつ、学部卒業までに、特に以下の項目についての十分な理解が得られていることを要求することが、合理的かつ現実的である。

① 教養教育（法学部に限らない）

人間および人間社会に対する理解、すなわち教養を広げかつ深めることは、人間を対象とする法律実務家の教育のための当然の前提条件といえる。その意味で、教養教育は、法律実務家の教育にとってきわめて重要である。

また、特に経済学、経営学、社会学、心理学、会計学等の隣接諸科学についての理解を深めることは、法の理解にとって直接的かつ有用な効果をもたらす。

② 基礎的理論教育

法の理念および目的、法律実務家の役割を理解することは、法律実務家の教育において必須の前提となるべきであり、その意味で、必修科目として法学概論の講座を設けるとともに、法哲学、法制史、法学史、法社会学、比較法などの基礎法学科目の少なくとも一つの履修が要求されるべきである。

また、基礎法学科目の履修とセットになる形での基本的な実定法科目（基本六法など）の履修も必要である。

3　法科大学院課程の概要（入学から卒業まで）

法科大学院の課程、すなわち法科大学院への入学からその卒業までの課程を具体的にどのように設計するかは、各大学院の判断に委ねるべきである。ただし、上記2の教育目的を達成するためには、少なくとも以下の点に留意すべきである。

(1) 入学選考

法科大学院のカリキュラムおよび法学部教育の位置づけについて上記のところを前提とすれば、法科大学院の入学選考（入学試験）にあたっては、学部段階における教育内容が十分に理解されているかどうかを試すという目的の下、以下の項目を必修科目として取り入れるべきである。

① 一般教養科目

幅広い教養を身につけているかどうかを判定するため、複数の科目を選択必修科目とすべきである。また、教養を深めているかどうかを判断するためには、論文式の試験形式とすべきであろう。なお、一般教養科目については、後記の他学部出身者に対する入学選考方法との共通性、法科大学院において成績評価のための人的態勢を整える負担などを考慮して、全国統一試験の導入も検討すべきであろう。

② 基礎法学

基礎法学科目の少なくとも一科目を選択必修とすべきである。

基礎法学という科目自体の性質、および基礎法学科目については深い理解が必要なことから、試験の形式は論文式が適当と思われる。

③ 基本的な実定法学科目（基本六法など）

あくまでも実定法の基本的知識を問うものであるべきであるから、試験形式は択一式が最も適当であると思われる。

(2) 他学部出身者の入学選考

他学部出身者については、上記③の試験を課すことは適当でなく、また、上記②についても他学部出身者の全員が基礎法学科目を一般教養としてでも履修していることを想定することは現実的でなく、いずれも入学選考の際の試験科目とすることはできない。したがって、他学部出身者に対しては、上記①の試験を課すほか、法科大学院を志望する動機等について小論文を課すなどの工夫が必要である。

また、このように法学部出身者と他学部出身者とで入学選考の方法を別にせざるを得ないことから、各法科大学院の定員の一定割合を他学部出身者枠として確保するなどの方法を検討することも必要となろう。

(3)　他学部出身者・社会人に対する基本的実定法学科目履修の機会

他学部出身者・社会人については、法科大学院において基本的実定法学科目などについての補習コースを設け、実定法学科目など法科大学院の入学選考に必要な科目でその者が履修していない科目を中心に学習できるようにすべきである。

補習コースは、正規の三年のカリキュラムに適宜組み込むことも可能であるが、上記2において示したカリキュラムを三年で消化すること自体厳しいものであるため、補習コースとして別途一年間を確保し、補習コースの履修者については、原則合計四年で法科大学院を卒業できるようにカリキュラムを設定することが望ましい。

(4)　夜間部の設置

別に仕事を持ちながら法科大学院での教育を希望する者に対する教育機会を確保するため、夜間部を設置すべきである。この場合、通常と同様三年の年限ではカリキュラムを消化しきれない可能性が極めて高いので、夜間部の年限は原則四年とすべきである。

(5)　在学中の成績評価

法科大学院におけるカリキュラムを十分に消化するためには、日々の継続した学習が必要となる。また、法律実務家としての基礎的能力は、一回の試験のみで判定できるものではなく、プロセスを通じて評価していく必要がある。したがって、法科大学院における教育を実のあるものとするために（付随的に、予備校に行く時間を与えないために）、成績評価は、試験だけで行うのではなく、日常の授業（講義・セミナー）への参加の態度等も含め、常時かつ総合的に判断すべきである。授業への参加状況が良好でない学生に対しては、断固として落第・放校等の措置をとることも必要である。

(6) 卒業

(5)と同様の趣旨により、卒業についても、卒業試験だけでなく、授業への出席日数、平常点等を加味して判断すべきである。

4 教官

(1) 実務家教官の必要性

法科大学院におけるカリキュラムを実施するためには、実務家が教官として関与することが必須である。また、法曹一元を前提とした法曹養成制度である以上、弁護士が実務家教官の中心となるべきである。ただし、裁判実務、検察実務の現状を知るためには、裁判官、検察官の教官も必要である。さらに、法科大学院における教育は、いわゆる法廷実務にとどまらず、法廷外活動も含めた法律実務を対象とすべきであるから、たとえば企業法務の担当者を実務家教官として招聘することも検討すべきである。

必要となる実務家教官の数を想定することには困難が伴うが、たとえばアメリカのロースクール認定基準に従って学生対教官の比率を二〇：一とし、さらに、当初法科大学院の学生数を一学年二〇〇〇人程度（三学年合計で六〇〇〇人）と想定することを前提とすれば、およそ三〇〇人程度の教官が必要であり、仮に教官の半数が実務家教官であると想定すれば、必要な実務家教官の数はおよそ一五〇名程度と推測される。また、上記の教育プログラムを実施するためには、一校あたりの弁護士の実務家教官は、民事三名・刑事二名の合計五名程度は必要であると思われる。

(2) 実務家（弁護士）教官の確保および実務教育の実施態勢

① 法科大学院制度創設までの準備期間において、弁護士会に教官の養成および確保のための委員会を設置し、司法研修所弁護士教官経験者および所付経験者の協力などを得ながら、実務家（弁護士）教官の供給源を確保するとともに、法科大学院における教育プログラムの策定、教材の作成・改訂など、弁護士会内に弁護士教官による教育をサポートする態勢を作り上げるべきである。

② 臨床的教育については、弁護実務修習の指導弁護士経験者および弁護士会の修習委員を中心として委員会を設置し、過去の弁護実務修習のノウハウを集約するなどして、具体的なプログラムや大学院との協力体制のあり方について検討するとともに、法科大学院創設以降は、実際に臨床的教育の実施主体となるべく、指導弁護士の確保等その態勢を整備する。

③ いずれにせよ、法科大学院制度に対応した教育態勢は一朝一夕にできるものではない。当面は、弁護士教官を確保する努力をしつつ（弁護士教官の確保のためには、当然、弁護士会すなわち全弁護士による、経済面も含めた全面的な協力が必要である）、少なくとも数年の時間をかけて、司法研修所の弁護教育および弁護実務教育、さらには弁護士会における弁護士の研修制度等のノウハウを参考にしながら、弁護士教官による教育態勢を形作っていくことが必要である。

(3) 実務家教官の待遇・財源

① 実務家教官に対しては相応の待遇が保証されるべきである。

② 実務家教官の待遇に関しては、大学関係予算のほか、司法予算からの支出もなされるべきである。また、特に当初弁護士教官を確保しなければならない時期などにおいては、弁護士教官の収入の一部にあてるため弁護士会も応分の経済的負担を引き受けるべきである。

5 学費及び経済的手当

(1) 学費について

法科大学院において上記のような教育を実施するとなれば、教育のために一定程度の費用を要し、それが学費等に影響することは避けられない。

ただし、司法試験受験のために大多数の学生が予備校に通い、大学の授業料のほかに年間五〇万円に達するともいわれる予備校の学費をも負担し、それでもなお司法試験に合格する保証のない現状に比べれば、大学卒業後二年ないし三年間の法科大学院課程において相応の学費を負担したとしても、法科大学院において真面目に勉強して卒業すればかなりの高率で司法試験に合格し法曹資格を取得できる制度の方が、個人的および社会的コストの面においてはるかに優れていることは明らかである。

具体的には、上記予備校に要する程度の学費で、三年（ないし四年）で法科大学院を卒業でき、かつ七〇％程度の合格率で司法試験に合格できる制度であれば、経済的にも社会的にも現行制度より妥当な結果をもたらしうる。

(2) 経済的手当

しかし、法科大学院において実のある教育を実施するために学生にも一定程度の学費の負担を求めざるを得ない以上、経済的な事情で学費を捻出できない者は実質的に法科大学院における教育の機会を奪われ、法律実務家への途が閉ざされることになるのではないかという批判は免れない。

したがって、教育機会の平等を経済面から実質的に担保するため、学費の負担に関しては、奨学金制度及び無利息の貸付制度などの経済的援助制度を発展・充実させるべきである。そのために、文教予算のみならず、現在司法修習生に対して給与として支給されている予算は、この奨学金制度の財源にあてるべきである。もちろん、予算自体を増加させることは必須である。

6 運営・予算

(1) 法科大学院の運営

個々の法科大学院の運営は法科大学院自身に委ねることが、大学の自治の観点から当然である。ただし、法科大学院が法曹養成制度の重要な部分を担うという性格に鑑みれば、法律実務家の養成に必要十分な教育が実施されているかという観点から、その教育内容について何らかの外部からのチェックは必要である。また、その場合、チェックを行う外部機関については、文部省の所管のみにすべきでなく、弁護士を中心とする法曹三者がその運営に深く関わる必要がある。

具体的には、法曹三者、文部省および大学、さらには外部委員をもって構成される委員会、協議会等を設置し、(大学院の監督官庁である文部省の委託を受けて) 法科大学院の設立認可の基準策定にあたるとともに、いったん認可を受けた法科大学院が認可後も認可基準を継続して満たしているかどうかをチェックするようにすべきである。

(2) 予算

法科大学院が法曹養成制度の中心的な部分を担うことに鑑み、法科大学院に対する国費の支出は、単に文教予算の中から支出されるだけでは足りず、司法関係予算からも多くの支出がなされるべきである。

第五 新司法試験

1 試験の性格——真の「資格試験」

法科大学院における教育内容を充実させることを前提として、法曹資格を付与するための司法試験は、法科大学院のカリキュラムを十分に理解した者であれば誰でも合格しうる試験、そうでない者は合格できない試験（真の意味での資格試験）とすべきである。

司法試験を真の資格試験とする以上、法科大学院において充実した教育がなされてさえいれば合格率は自ずと高くなるはずであるが、もちろん合格基準に達しない者は、たとえば受験生の七〇％以内の成績であったとしても不合格とすべきであり、合格率自体に拘泥するのは本末顛倒である。

2 試験の具体的内容

(1) 受験資格

法科大学院設置の趣旨からすれば、法科大学院課程の修了をもって司法試験の受験資格を付与するものとすべきである。

ただし、現行の司法試験受験者への配慮は当然必要であり、法科大学院創設までに二、三年程度の準備期間を設け、その間は経過措置として現行の司法試験及び司法修習制度を存置すべきである。

(2) 試験科目

新司法試験が、直接的には法科大学院における教育の成果を試す試験となるべきことから、試験科目についても以下の点が考慮されるべきである。

① 法曹倫理

法の理念、法律家の役割を理解しているかどうかを試すことが必要である。

② 試験科目の増加

幅広い法律知識を修得しているかどうかを試す必要がある。

③ 科目横断的な事例問題

目の前の具体的な事案を的確に分析し、それに対して正しく法を適用し、妥当な解決に導ける能力があるかどうかを試すことは、法律実務家としての技能を直接に試すことでもある。

(3) 試験の形式

① 法律知識を問う試験は科目別の択一式とする。

試験科目を増加する以上、各科目毎の知識を問う試験について論文式試験を課すことは現実的でない。

② 科目横断的な事例問題は論文式が適当である。

科目は、大きく民事・刑事に分け、それぞれ数問の事例問題を出題する。

③ 倫理試験は論文式・択一式の混合とすることが考えられる。

倫理の問題は、本来具体的な事例の中で法律実務家としてどのように行動すべきかという形で問題となるものであり、したがって倫理試験も具体的な事例を与えて論文式で解答させる形式を原則と考えるが、法曹倫理にかかわる項目は多岐にわたること及び評価の難しさから、一部は択一式の試験とせざるを得ないと思われる。

(4) 受験回数制限

法科大学院において十分な教育が施され無事卒業した者であれば誰でも司法試験には合格するはずであるということを前提に、受験者の滞留現象などの弊害を回避するために、三回程度の受験回数制限はやむを得ない。

第六　研修弁護士制度

1　研修弁護士制度導入の趣旨

研修弁護士制度は、以下のような理由で、法科大学院制度創設とともに制度化すべきである。

(1)　臨床的教育の補完

これまで検討してきた法科大学院の具体像を前提とすれば、いわゆる臨床的教育も法科大学院で十分に行うべきであることは明らかである。しかし、法科大学院の年限及び臨床的教育以外のカリキュラムとの関係からくる制約、ならびに、法科大学院の学生の身分で「生の事件」を自ら取り扱うには、権限や責任の所在等法的に解決しなければならない問題もある。

そこで、このような法科大学院における臨床実務教育を補完するものとして、弁護士の権限を有して「生の事件」を扱いながら研修を行う研修弁護士の制度はきわめて有用である。

(2)　法曹一元へ向けてのステップ

また、当会が従来から主張してきたとおり、研修弁護士の課程を修了することを裁判官任官の要件とすることで、将来の法曹一元へ向けての一里塚としての重要な意味も有する。

2　研修弁護士の身分・権限・義務

(1)「生の事件」を自ら取り扱うという制度本来の意義、法科大学院において臨床的教育も含め法曹に十分な教育を受けているという前提、及び権限等についての法律上複雑な問題を回避するという実際上の必要から、研修弁護士には弁護士と同等の地位と権限を与えるべきである。

(2) しかし、「研修」ということの性質上、研修弁護士は、弁護士事務所に勤務のうえ所属弁護士の指導に服するか、別途弁護士会の指定する指導弁護士の指導を受けるものとすべきである。

具体的に取り扱う事件に対する弁護士の義務と責任は、研修弁護士と指導弁護士とが共同して負担するものとする。

(3) さらに、研修弁護士には、弁護士会が実施する集合教育への参加を義務づけるべきである。

(4) 研修弁護士は、有給とする。

3 具体的な制度内容

(1) 期間

二年間を適当とする。

(2) カリキュラム

① 指導弁護士の指導を受けながら事件処理を中心とすべきである。

② 教育内容の均一性を一定程度において保つため、弁護士会における集合教育等をあわせて実施すべきである。

具体的には、新規登録弁護士に対する研修としての集合研修、弁護士会の法律相談研修、当番弁護士研修を参考にした研修を行う。

(3) 費用および財源

研修弁護士の給料及び弁護士会における集合教育のための費用などにあてるため、特別会費の負担などにより、弁護士会に一定の財源を確保すべきである。

第七 法科大学院及び研修弁護士制度における弁護士会の役割

法科大学院及び研修弁護士制度が法曹養成制度である以上、弁護士会は、制度に主体的かつ積極的に関与すべきであり、具体的には以下のような形で制度の設計及び運営に関わっていくべきである。

1 法科大学院の設置基準の策定、法科大学院の運営状況のチェック

弁護士会の代表者は、裁判所、法務省、文部省および大学関係者などによって構成されるべき法科大学院の設立認可および監督のための委員会（諮問委員会のようなものになろうかと思われる）に委員として参加し、法科大学院の設立認可基準の策定にあたるとともに、認可を受けた法科大学院の運営状況についてチェックする。

2 法科大学院の実務家教官確保、実務教育プログラムについてのサポート

弁護士会に実務家教官の養成および確保のための委員会を設置し、司法研修所弁護士教官経験者および所付経験者の協力などを得ながら、実務家（弁護士）教官の供給源を確保するとともに、法科大学院における教育プログラムの策定、教材の作成・改訂など、弁護士会内に弁護士教官による教育をサポートする態勢を作り上げるべきである。

3　法科大学院における臨床的教育の運営及び管理

前期第四4(2)②（二三七頁）のとおり、指導弁護士の確保等の態勢作りに取り組むべきである。

4　研修弁護士制度の運営

弁護士会の新規登録弁護士研修を担当する委員会などを中心として、委員会を設置し、研修弁護士課程のプログラム策定、指導弁護士の確保等、研修弁護士制度の運営に関する検討を行い、かつ実際に制度の運営にあたる。

第八　司法研修所との関係

現行の司法修習制度は、戦前の分離修習を廃し、法曹三者の統一・公平な養成に資するとともに、現役の実務家による「生きた事件」を通じた教育によって法的思考力や法律実務家の行動様式などを身につけるために一定程度の役割を果たしてきたことは否定できない。

しかし、現行制度については、ここ一〇年来の法曹養成制度改革論議および近時の司法改革論議の中で、(i)養成可能な法曹の数、(ii)特に修習期間短縮による教育レベルの低下、(iii)法廷技能教育中心とならざるを得ない教育プログラム、(iv)大学による理念教育・理論教育の保証のない教育などの問題点が指摘されるに至っている。

また、上記に述べたところからも明らかなとおり、司法修習における実務教育のノウハウは、そのほとんどが法科大学院の課程の中に取り入れることが可能であり、また法曹養成の実を挙げるためには、むしろ積極的に法科大学院の教育プログラムの中に取り入れていくべきである。

よって、現行の司法修習制度は、段階的に法科大学院の課程に組み込んでいくべきであり、さらに臨床的教育の部分は研修弁護士制度で補完すべきである。

さらに、司法修習のうち、それ自体臨床的教育の一形態である実務修習は、法科大学院における充実した臨床的教育が必ずしも期待できない制度創設当初の時期においては、あくまでも暫定的な措置ではあるが、エクスターンシップ（外部委託）として、法科大学院の臨床的教育を受け持つものとして位置づけられるべきである。

第九 新法曹養成制度への移行のあり方及び法曹一元制との関係

上記において検討した、法科大学院および研修弁護士制度を中心とする法曹養成制度は、現行の法曹養成制度を抜本的に改革するものであり、当然のことながら一朝一夕に完成した制度を創設できるものではない。したがって、上記の制度を完成させるまでの移行期間および移行期間における法曹養成制度の具体像についても検討しなければならない。本報告書においては、あくまでもひとつのプランとしてではあるが、以下のような移行過程を提案する。

また、当会が提言した法曹一元制下の法科大学院制度（および研修弁護士制度）の実現との関係についても、以下において触れることとする。

1 法科大学院の創設時期及び創設までの準備

(1) 法科大学院創設の準備に必要な期間及び経過措置として現行司法試験制度を残存させるべき期間等を考慮して、法科大学院は二〇〇三年の創設を目標とする。

(2) 法科大学院創設までの期間においては、以下のような準備を行う。

① 弁護士会、裁判所、法務省、文部省及び大学関係者を中心として、法科大学院の認可基準の策定及び法科大学院の教育内容のチェックのための委員会を組織し、具体的な認可基準の策定作業を行う。

② 法科大学院において、学生が教官の指導・監督の下に実際の具体的な事件（「生の事件」）を取り扱う権限を付与するための立法措置等の法整備を行う。

③ 弁護士会においては、研修弁護士制度の準備委員会を組織し、研修弁護士制度創設に向けての具体的検討に入るとともに、法科大学院の教官の確保及び教官に対する実務的・経済的サポート態勢（実務教育プログラム・教材等の検討、教官に対する経済的手当など）について検討する。

2　法科大学院創設後二〇一三年まで（一〇年間）

法科大学院創設後一〇年間は、特に法科大学院において直ちに充実した臨床的教育を行うことが現実には困難であると予想されるため、暫定的に以下のような制度を運用し、かつ法科大学院制度の完成を目指してさらに準備を進める。

(1) 法科大学院は全体で三年の課程とするが、当面は、法科大学院において二年間上記カリキュラムのうち臨床的教育を除く部分を中心として教育を行うとともに、法科大学院の三年目において、いわゆるエクスターンシップ（外部委託）として、下記の実務修習を行うこととする。

現行司法修習制度の前期修習に該当する部分は、法科大学院の二年間のカリキュラムの中に発展解消する。現行司法修習制度を弁護士会を中心として法曹三者が協力して運営する形式とし、法科大学院の三年生に対して臨床的教育を実施するシステムとして運用する。年限は一年とし、学生に具体的な事件を取り扱う権限を付与したうえで、弁護修習を中心とした実務修習を実施する。

エクスターンシップ（外部委託）先の実務修習担当者（受入弁護士会など及び各指導担当者）と大学院が成績判定・単位認定会議を構成する。

(2)　この期間中においても、学生に対する事件取扱の権限付与を前提とする臨床的教育を実施する態勢が整ったとして認可を受けた法科大学院は、認可を取得した直後に開始する年度より三年間の法科大学院課程に移行することができ、その場合、三年の法科大学院課程を修了した者は、上記実務修習を履修することは必要でない。

(3)　上記実務修習を終了した者を含めて三年の法科大学院課程を終了した者は、新司法試験を受験する資格を取得し、司法試験の合格者には弁護士資格が付与される。

(4)　研修弁護士制度（二年）を発足させる。法科大学院を卒業し、新司法試験に合格して弁護士資格を取得した者は全員研修弁護士として二年間の研修を受ける。

(5)　弁護士会は、法科大学院の教官の供給に務める（そのための経済的手当も含む）とともに、将来の法科大学院の具体的なカリキュラムの内容及び教育方法等について検討する。さらに、弁護士会は、法科大学院における臨床的教育実施のための準備を行う。

(6)　上記エクスターンシップは、質のばらつきを含めて教育水準を維持できるか、人数が増員しても受入れは可能か等の問題が多いので、大学院内での臨床的教育が完全実施されるまでの暫定措置とすることを妥当とする。

3　二〇一三年以降——完成された法科大学院制度

法科大学院制度創設一〇年後を目標に、以下のとおり法科大学院制度を完成する。

(1) 法科大学院を三年の課程とし、実務修習を三年次の課程に発展的に移行するとともに、学生に対する事件取扱の権限付与を前提とする完成された臨床的教育を行う。

(2) 研修弁護士制度（二年）は、少なくとも法曹一元制の実現まで存置する。

4 二〇一六年以降――法曹一元制の実現

(1) 法科大学院創設時の入学生が法科大学院を卒業し、その後弁護士（研修弁護士の期間を含む）として一〇年の経験を経ることとなる二〇一六年を目標として、判事補の採用を停止するとともに、弁護士経験一〇年以上の者から判事を採用する法曹一元制を実現する。

(2) 研修弁護士制度は、法曹一元制実現の時点で、なお法曹養成の観点から存続の必要性があるかどうかを改めて検討する。

5 なお、移行過程の概要は、別紙「法科大学院及び法曹一元への移行過程」のとおりである。

以上

（別紙）

法科大学院及び法曹一元への移行過程

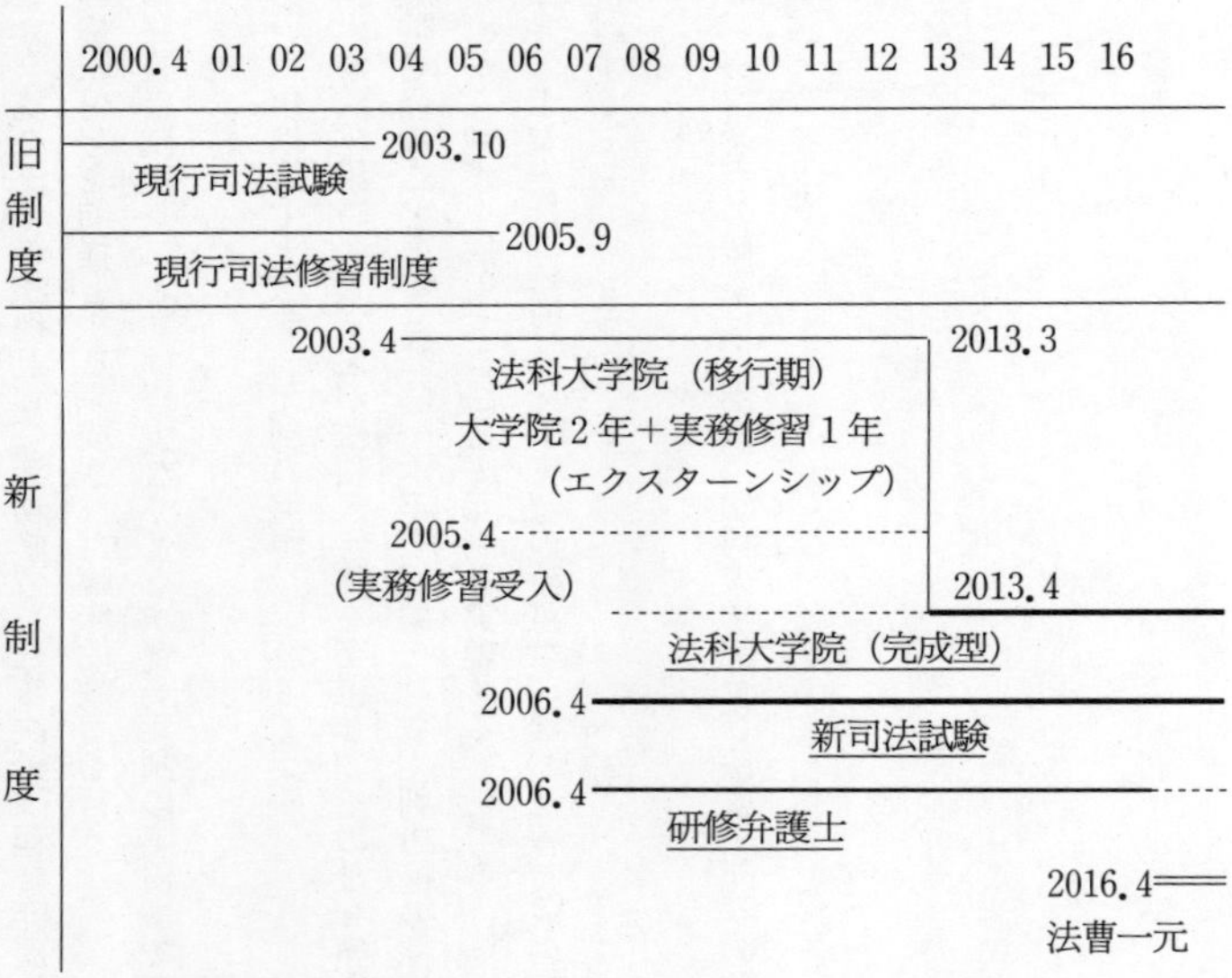

〈著者紹介〉

遠 藤 直 哉（えんどう・なおや）

1945年　群馬県生れ
1968年　東京大学法学部卒業
1983年　ワシントン大学ロースクール修士
1996年　第二東京弁護士会副会長
現在　第二東京弁護士会法曹養成二弁センター委員長
　　　私法学会・民訴法学会・法社会学会会員

〈主要著作〉

「民事訴訟促進と証拠収集」判例タイムズ665号（昭和63年）
「破産者の有する将来の退職金請求権」「自由財産」『破産・和議の実務と理論』判例タイムズ830号（平成6年）
「中立型調整弁護士モデルの展望」『変革の中の弁護士』下巻（有斐閣，平成5年）
「取締役の賠償責任の分割軽減化」商事法務1412号・1413号・1415号（平成8年）
「日本サンライズ株主代表訴訟事件の一審判決と和解」商事法務1363号（平成6年）
「アスベスト」『労災職業病健康管理Ⅰ――労災職業病の企業責任』（総合労働研究所，平成4年）
『アスベスト対策をどうするか』（共著，日本評論社，昭和63年）
『全検証ピンクチラシ裁判』（共著，一葉社，平成5年）
『知って得する消費税』（編著，大成出版，平成元年）
「中国における土地使用料――新しい政策の採用とその問題点」日中経済法律センター第5号（昭和60年）
「エイズ予防法案に代わる新しい制度の提案」ジュリスト924号（昭和63年）

ロースクール教育論――新しい弁護技術と訴訟運営

2000年（平成12年）11月15日　第1版第1刷発行

著者　遠　藤　直　哉

発行者　今　井　　　貴
　　　　渡　辺　左　近

発行所　信山社出版株式会社
〒113-0033 東京都文京区本郷 6-2-9-102
電　話　03（3818）1019
FAX　03（3818）0344

Printed in Japan.

印刷・製本／松澤印刷・大三製本

ISBN-4-7972-2183-6　C3322

布井要太郎 著
『判例知的財産侵害論』
日本の判例とドイツ知的財産法理論

栞第1刷
2000・8①

信山社
東京都文京区
本郷6-2-9-102

『判例知的財産侵害論』の出版に期待する

元最高裁判所判事
立命館大学大学院・
法学研究科客員教授　園部逸夫

過日、父の遺した手書きの住所メモの中に「弟子」という欄を見つけた。布井さんのお名前もあり、当時のことを懐かしく思い出した。布井さんとは京都以来の長いお付き合いである。布井さんは弁護士を開業されてからも、知的財産法の研究を熱心に続けられた。その後、今でいう弁護士任官をして、特に知的財産法専門の裁判官になることを希望され、大阪から上京された。当初は東京高裁の工業所有権の専門部に勤務されたが、裁判所側の事情もあって、布井さんの希望は叶えられず、結局、東京で法律事務所を開かれた。布井さんは、円満な人格と豊富な識見の持ち主であり、私の目から見ると、裁判所は惜しい逸材を失ったと思う。

この度、これまでの判例評釈・論文などをまとめることについてご相談を頂いたとき、私は両手を挙げて賛成した。幸いに中山信弘教授のご推薦を受け、信山社の袖山貴氏のご尽力により出版の運びとなった。まことにご同慶の至りであり心からお祝いを申し上げる。知的財産法は法理論と実務の両面での葛藤が特に激しい分野である。理論と実務の双方に通じた布井さんの本書が、日本の知的財産法理論の発展にとって多大の貢献となることを期待したい。

布井要太郎先生のご本について

東京大学教授　中山信弘

布井先生の知的財産法全体にわたる長年にわたる研究の総集編であり、実務家としてあるいは研究者としての軌跡を辿ることができる。特にドイツ法の研究に情熱を注いだ布井先生の真骨頂がよく現れている。

ISBN4-7972-1825-8
NDC 分類 602.001 日本産業史

新刊案内 1999.6

張 紀南 著
城西国際大学人文学部専任講師

戦後日本の産業発展構造

――産業技術指標による総合分析――

A5判変上製 総304頁　定価：本体 5,000 円（税別）

☆戦争で廃墟と化した日本はわずか四分の一世紀で世界経済の頂点に到達したが、90年代以降バブル経済の崩壊に続き、1997 年のアジア経済危機の影響を受けて日本経済が低迷を続け、予想以上に深刻な状態に陥っている。日本経済がなぜこうなったのか、その成功や失敗の要因が注目されている。日本の景気停滞をもたらした原因は単にこれらの内外情勢の変化だけから捉えることはできない。むしろ、日本の経済システムの硬直化が進行し、特に産業発展構造の改善が大幅に遅れたことがその根幹にあるといえる。
☆産業発展の構造的変化をもたらす主要因を明確化するために、産業技術の基本指標を用い、主に因子分析の方法をもって、特に生産力と研究開発力の対比に注目して、日本の製造業における産業技術の発展構造を総合的に分析しようとするものである。
☆研究の枠組みについては、本書における新たに設定した産業技術指標の枠組みは、インプット、アウトプット、パフォーマンス、およびポテンシャルの 4 つのカテゴリーや、経済指標、生産指標、研究開発指標、統合指標などの諸階層から構成された。産業の発展段階により、競争力の決定要因が低賃金労働力を主因とする経済力から、設備投資に代表される生産力、そして研究開発力、さらには統合的経営力へと推移していくものと考えられる。
☆データの算出法については、本書に用いた多くの指標の数値は、統計数値そのものではなく、推計や補正を行った結果のものである。特に「技術者」数、技術特許公開件数、製品輸出入額に関して産業別に再分類した集計など、このほど多くの指標の数量分析は、本研究によって初めて可能となったといえよう。
☆研究の方法論については、伝統的なタイムトレンド法を中心にした数量分析による産業発展構造の分析にとどまらず、対指標法や因子分析法を導入したことにより、それぞれの手法の特徴を生かした多面的な分析法を確立し、産業発展構造の研究に新たな視点を提示した。こうした分析を行うことで産業の高度化は研究開発力を強化することによって達成されると考えられるが、電機産業が相対的に資本集約的発展を遂げている点などにおいて、本書の分析により加えられた新たな知見としてまとめた。

［目 次］

◎日本の産業が再発展するためには何が必要かを考えるために

信山社　〒 113-0033
東京都文京区本郷 6-2-9-102　TEL 03-3818-1019　FAX注文制 FAX 03-3818-0344

ISBN4-7972-1781-2
NDC 分類 320.001 英米法

新刊案内1998.6

田島 裕 著
筑波大学大学院企業法学教授

比較法の方法 ［著作集別巻１］

——比較法の方法入門　ダイナミックでその語りと視点が清々しい——

四六判変型上製カバー付　総240頁　　定価：本体2,980円（税別）

もともとハーヴァード・ロースクールで本格的な比較法研究を行うための準備作業として、研究方法を検討したときの覚書である。そのため、本格的な研究を始めたところで終わってしまっているが、読み直すと執筆当時の気持ちがよみがえる。（筆者はしがきより）

［目　次］

［付録］

910 確定性の世界　K. ポパー著　田島裕訳　3,495 円

8001 文庫・確定性の世界　K. ポパー著　田島裕訳　680 円

信山社　〒113-0033 東京都文京区本郷 6-2-9-102　TEL 03-3818-1019　FAX注文制 FAX 03-3818-0344

ISBN4-7972-5601-X
NDC 分類 326.001

三 井 誠・町 野 朔・曽根威彦
中森喜彦・吉岡一男・西田典之編

新刊案内 2000.8

刑事法辞典

四六判上製　総 1000 頁　　予価：本体 6,000 円（税別）

「このたび信山社の 10 周年企画依頼によりまして『刑事法辞典』を編集することになりました。大学生・研究者さらに実務家の要望にも応えられる刑事法の中辞典を目指して、項目選定に各編集委員が力を注いで参りました。ご期待下さい。」　平成 10 年 8 月　編者

［執筆者］（五十音順　＊印は編者）

愛知正博	中京大学法学部教授
秋葉悦子	富山大学経済学部助教授
浅田和茂	大阪市立大学法学部教授
荒木伸怡	立教大学法学部教授
石塚伸一	龍谷大学法学部教授
井田　良	慶応大学法学部教授
伊東研祐	名古屋大学法学部教授
伊藤　渉	東洋大学法学部助教授
指宿　信	鹿児島大学法文学部助教授
今井猛嘉	法政大学法学部助教授
岩間康夫	大阪学院大学法学部助教授
上嶌一高	神戸大学法学部助教授
上田信太郎	香川大学法学部助教授
上田　寛	立命大学法学部教授
植田　博	広島修道大学法学部教授
臼木　豊	小樽商科大学商学部助教授
宇藤　崇	岡山大学法学部助教授
梅田　豊	島根大学法文学部助教授
大出良知	九州大学法学部教授
大久保哲	久留米大学法学部教授
大越義久	東京大学教養学部教授
大塚裕史	岡山大学法学部教授
大沼邦弘	成城大学法学部教授
奥村正雄	同志社女子大学現代社会学部教授
小田直樹	広島大学法学部助教授
甲斐克則	広島大学法学部教授
香川喜八朗	亜細亜大学法学部教授
加藤克佳	愛知大学法学部教授
門田成人	島根大学法文学部助教授
上口　裕	南山大学法学部教授
川出敏裕	東京大学法学部助教授
川崎英明	東北大学法学部教授
川端　博	明治大学法学部教授
北川佳世子	海上保安大学校助教授
木村光江	都立大学法学部教授
京藤哲久	明治学院大学法学部教授
葛野尋之	静岡大学人文助教授
葛原力三	関西大学法学部助教授
後藤　昭	一橋大学法学部教授
小山雅亀	西南大学法学部教授
近藤和哉	富山大学経済学部助教授
斎藤信治	中央大学法学部教授
斉藤豊治	甲南大学法学部教授
斎野彦弥	北海道大学法学部教授
大澤　裕	名古屋大学教授
佐伯仁志	東京大学法学部教授
酒井安行	国士舘大学法学部教授
酒巻　匡	上智大学法学部教授
佐久間修	大阪大学法学部助教授
佐藤隆之	横浜国立大学経済学部助教
佐藤美樹	高岡法大学法学部助教授
椎橋隆幸	中央大学法学部教授
塩見　淳	京都大学法学部教授
島　伸一	駿河大学法学部教授
島岡まな	亜細亜大学法学部助教授
清水一成	琉球大学法文学部教授
洲見光男	朝日大学法学部教授
白取祐司	北海道大学法学部教授
新屋達之	立正大学法学部助教授
鈴木左斗志	学習院大学法学部助教授
瀬川　晃	同志社大学法学部教授
関　正晴	日本大学法学部専任講師
＊曽根威彦	早稲田大学法学部教授
園田　寿	関西大学法学部教授
高田昭正	大阪市立大学法学部教授
高橋則夫	早稲田大学法学部教授
高山佳奈子	成城大学法学部助教授
田口守一	早稲田大学法学部教授
只木　誠	獨協大学法学部助教授
多田辰也	大東文化大学法学部教授
田中利幸	横国大学経済学部教授
田中　開	法政大学法学部教授
田淵浩二	静岡大学人文学部助教授
津村政孝	学習院大学法学部教授
寺崎嘉博	筑波大学社会科学系教授
土井政和	九州大学法学部教授
長井長信	南山大学法学部教授
長井　圓	神奈川大学法学部教授
中空壽雅	関東学園大学法学部助教授
長沼範良	成蹊大学法学部教授
中野目善則	中央大学法学部教授
＊中森喜彦	京都大学法学部教授
鯰越溢弘	新潟大学法学部教授
新倉　修	國學院大学法学部教授
＊西田典之	東京大学法学部教授
西村秀二	富山大学経済学部教授
野村　稔	早稲田大学法学部教授
橋田　久	京都産業大学法学部助教授
橋爪　隆	神戸大学法学部助教授
城下裕二	札幌学院大学法学部教授
橋本正博	一橋大学法学部助教授
林　幹人	上智大学法学部教授
林美月子	神奈川大学法学部教授
林　陽一	千葉大学法経学部助教授
久岡康成	立命館大学法学部教授
日高義博	専修大学法学部教授
平川宗信	名古屋大学法学部教授
平田　元	三重大学人文学部教授
平良木登規男	慶応大学法学部教授
福島　至	龍谷大学法学部教授
福山道義	福岡大学法学部教授
堀内捷三	法政大学法学部教授
前田雅英	都立大学法学部教授
＊町野　朔	上智大学法学部教授
松生光正	姫路獨協大学法学部教授
松代剛枝	山形大学人文学部講師
松原久利	桐蔭横浜大学法学部助教授
松原芳博	九州国際大学法学部助教授
松宮孝明	立命館大学法学部教授
丸山雅夫	南山大学法学部教授
三島　聡	大阪市立大学法学部助教授
水谷規男	愛知学院大学法学部助教授
＊三井　誠	神戸大学法学部教授
宮城啓子	成城大学法学部教授
宮澤節生	神戸大学法学部教授
村山眞維	千葉大学法経学部教授
守山　正	拓殖大学政経学部教授
安田拓人	金沢大学法学部助教授
安冨　潔	慶応大学法学部教授
安村　勉	金沢大学法学部教授
山口　厚	東京大学法学部教授
山田道郎	明治大学法学部教授
山中敬一	関西大学法学部教授
山名京子	奈良産業大学法学部教授
山火正則	神奈川大学法学部教授
山本輝之	帝京大学法学部助教授
山本正樹	近畿大学法学部教授
＊吉岡一男	京都大学法学部教授
吉田敏雄	北海学園大学法学部教授
吉田宣之	桐蔭横浜大学法学部教授
吉弘光男	九州国際大学法学部助教授
吉村　弘	北九州大学法学部教授
米山耕二	一橋大学法学部専任講師
渡辺　修	神戸学院大学法学部教授

ご注文は FAX または Eメールで　FAX 03-3818-0344　Email:order@shinzansha.co.jp

信山社　〒113-0033 東京都文京区本郷 6-2-9-102　TEL 03-3818-1019
信山社のホームページ　http://www.shinzansha.co.jp

ISBN4-7972-1932-1
NDC 分類 328.501 知的財産法

新刊案内 1999.10

清川　寛 著
政策研究大学院大学教授

プロパテントと競争政策

―知的財産研究叢書5―

A５判変型　総 256 頁　　定価：本体 6,000 円（税別）

☆知的財産権は、先の TRIPS の締結により国際的にも重要性を増しているが、特に経済社会構造改革の一環として科学技術創造立国を目指すわが国においては、その急務であるところの独自技術開発の育成のためにも、その重要性が増している。このような中、最近にいたりいわゆるプロパテントが標榜されるようになり、審査実務の改善、特許対象の拡大あるいは判例における均等論の採用などが行われたことは記憶に新しい。プロパテント化は、従来の基本技術導入型発展およびそれに伴う改良技術型の発展からの転換であり望ましい側面もあるが、他方でそれが行きすぎると知的財産権の特徴の一つであるところの排他性ないし独占性の弊害が生じる可能性もある。その行きすぎをいかに是正していくか、何が望ましいプロパテントであるかについて検討することは極めて重要である。
☆従来の研究は、ややもすれば知的財産権の技術的な側面を強調ないし焦点を当てたものが多かったようにも思われる。しかし、知的財産権の本質を踏まえれば、より容易にまた明快に制度を理解できるように思われる。このような観点から、本書では技術的側面よりもむしろ知的財産権の存在意義（本質論）を根本に据え、そこから考えることを基本とした。

［目　次］

［著者紹介］清川　寛（きよかわ・ゆたか）　前東京大学比較法政国際センター客員助教授／元通産省産業政策局知的財産政策室長、政策研究大学院大学教授。

信山社　〒113-0033　東京都文京区本郷 6-2-9-102　TEL 03-3818-1019
FAX 注文：03-3818-0344　Email でのご注文：order@sinzansya.co.jp

good value for money